縁切り神社でスッキリ！
しあわせ結び
〜全国開運神社めぐり〜

上大岡トメ
＋ふくもの隊
［監修］平藤喜久子

悪縁を切って、良縁を結ぶ
ククリヒメ

昔むかし、日本列島ができるはるか前、
天には高天原（たかまのはら）という神様の住む世界があった。
ある時、高天原からイザナキとイザナミという
夫婦の神様が降り立ち、国土と神々をつくり出した。
しかし、イザナミが火の神・カグツチを産んだ時、
その火によって大やけどを負い亡くなってしまう。
イザナキは悲しみのあまり、カグツチを斬り殺した。

諦めきれないイザナキは愛する妻を連れ戻すため
黄泉（よみ）の国（死者の世界）にいるイザナミを訪れた。
イザナミは「黄泉の国の食事をしたので帰れない。
でも黄泉の国の神様に相談するので、
その間は姿を見ないように」と言い建物へ入っていった。

なかなか戻ってこないイザナミを待ちきれず、
イザナキが建物の中をのぞくと、なんとそこにいたのは
体が腐り死の穢（けが）れをまとったイザナミだった。
変わり果てた姿を見て恐れおののいたイザナキは一目散に逃げ出した。

それを目の当たりにしたイザナミは、
裏切られたと激高し、イザナキを追いかけ、
2柱は黄泉比良坂（よもつひらさか）で口論となる。
そこで現れたのがククリヒメ。

ククリヒメがイザナキに何事かを話すとその場が収まり、
夫婦は別々の道を歩むことになった。
「何事か」は、神話では書かれておらず、謎のまま。
ククリヒメは夫婦喧嘩を仲裁し、仲直りさせた
縁結びの神とも言われるが、
穏便な別れをもたらす縁切りの神でもある。

悪縁を切って、良縁を結びたい！

ククリヒメは、『日本書紀』のこの1箇所にだけ出てくる神様です。
でもその「何事か」のコトバで一瞬にして
イザナキ、イザナミを説得した存在感は計り知れません。

「縁切り」と言っても、男女の縁だけではなく、
人間関係、病気、悪癖、悪運など様々。
自分の手に負えない悪縁は、神社で祈願をして切る。
そこにククリヒメの「何事か」のコトバが後押しをしてくれれば…。
この「何事か」のコトバを、
皆さんと一緒に考えていきたいと思います。

昔の彼が忘れられない？
ふくもの隊に相談があると来た仕事仲間のライターしほさん（35歳）
別れたのはもう8年前で
彼は結婚してコドモもいるんです
私もその後何人かとお付き合いして――
結婚！という話も出たけど
居心地がいい
話が合う
元カレ＞今カレ
どうしても元カレと比べてしまってキモチが冷めてしまう
復縁したいってこと？
そんなにかっこよかったんだ！
副隊長
エビスゆう
ふくもの隊　隊長
上大岡トメ
復縁したいなんてこれっぽっちも!!でもなんとなく元カレのSNSを追ってる……
彼の奥さんやコドモの顔も知ってる
元カレみます？
へえー…
昔と今

自分でも このままじゃ いけないいって
わかってるんです!!
だらだらと
トメさん 神社めぐりの マニアだし
エビスさんも 全国の神社を 一緒にまわってるし
おふたりなら ご存じないですか？
縁を切ってくれる神社（神様）
スパッと!!
縁切り 神社…

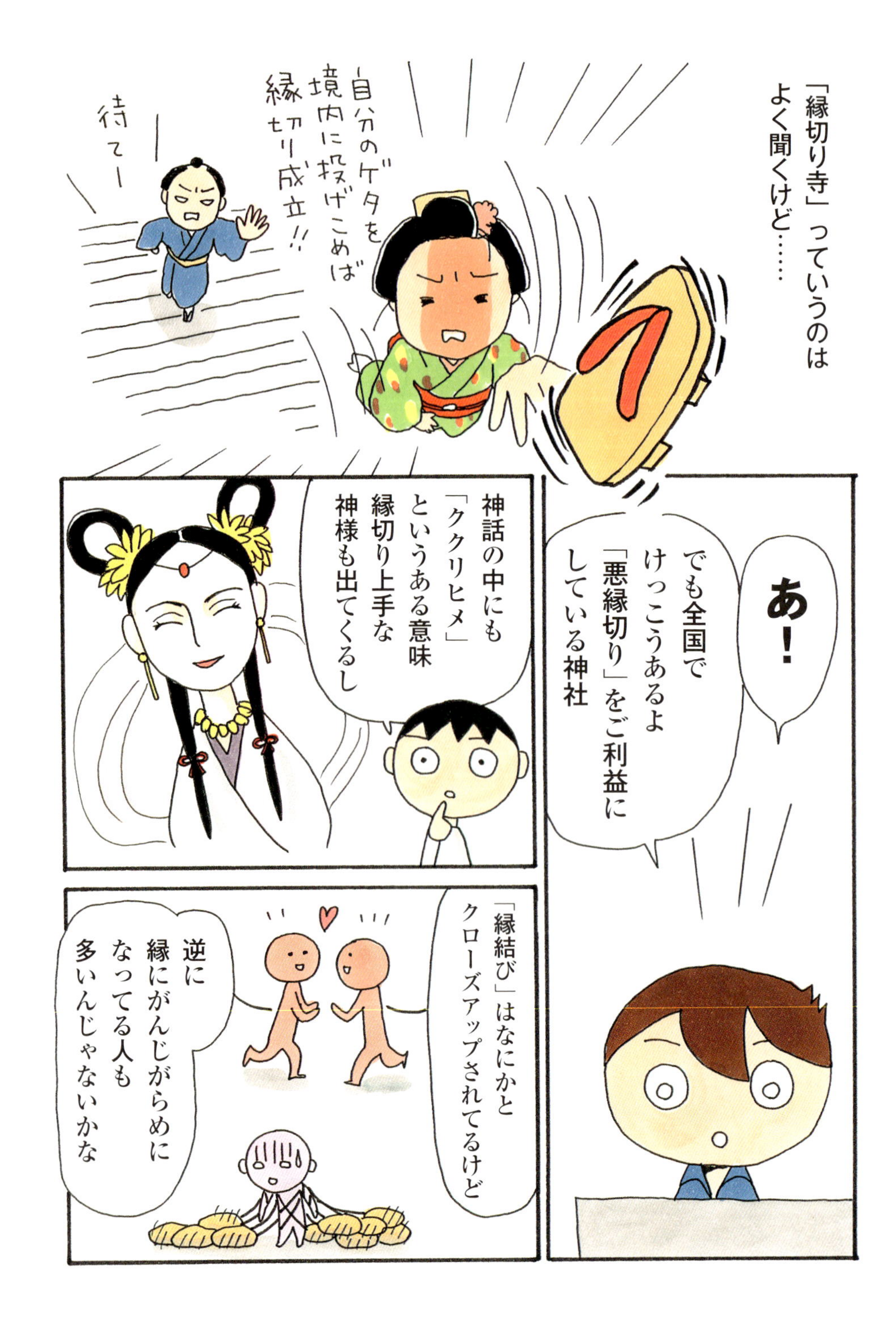
「縁切り寺」っていうのは
よく聞くけど……
自分のゲタを
境内に投げこめば
縁切り成立!!
待てー
あ!
でも全国で
けっこうあるよ
「悪縁切り」をご利益に
している神社
神話の中にも
「ククリヒメ」
というある意味
縁切り上手な
神様も出てくるし
「縁結び」はなにかと
クローズアップされてるけど
逆に
縁にがんじがらめに
なってる人も
多いんじゃないかな

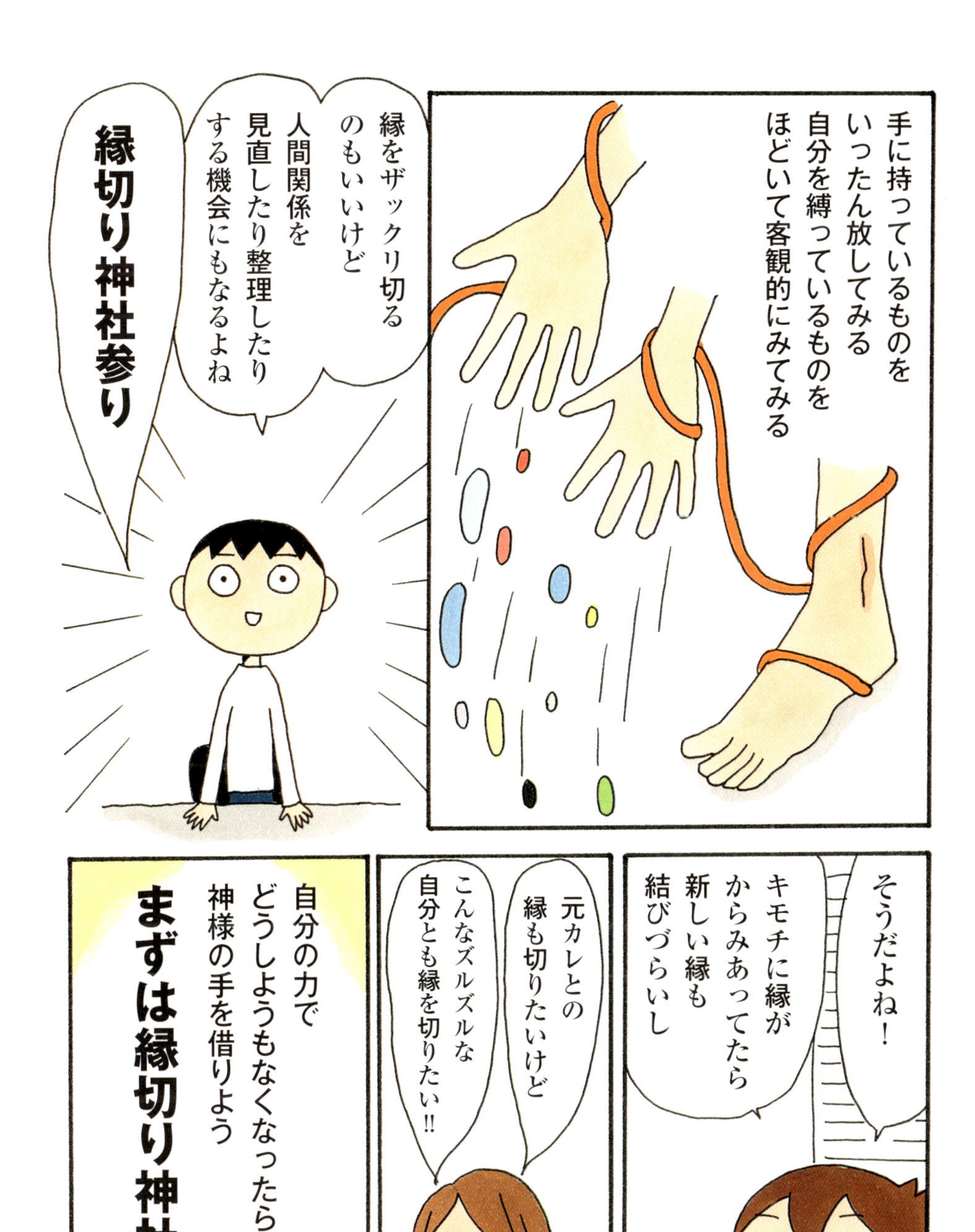
手に持っているものを
いったん放してみる
自分を縛っているものを
ほどいて客観的にみてみる
縁をザックリ切る
のもいいけど
人間関係を
見直したり整理したり
する機会にもなるよね
縁切り神社参り
そうだよね！
キモチに縁が
からみあってたら
新しい縁も
結びづらいし
元カレとの
縁も切りたいけど
こんなズルズルな
自分とも縁を切りたい!!

自分の力で
どうしようもなくなったら
神様の手を借りよう
まずは縁切り神社へ！

もくじ

第1章 「恋愛運」アップ神社……13

第4章

「日々の習慣運」アップ神社……119

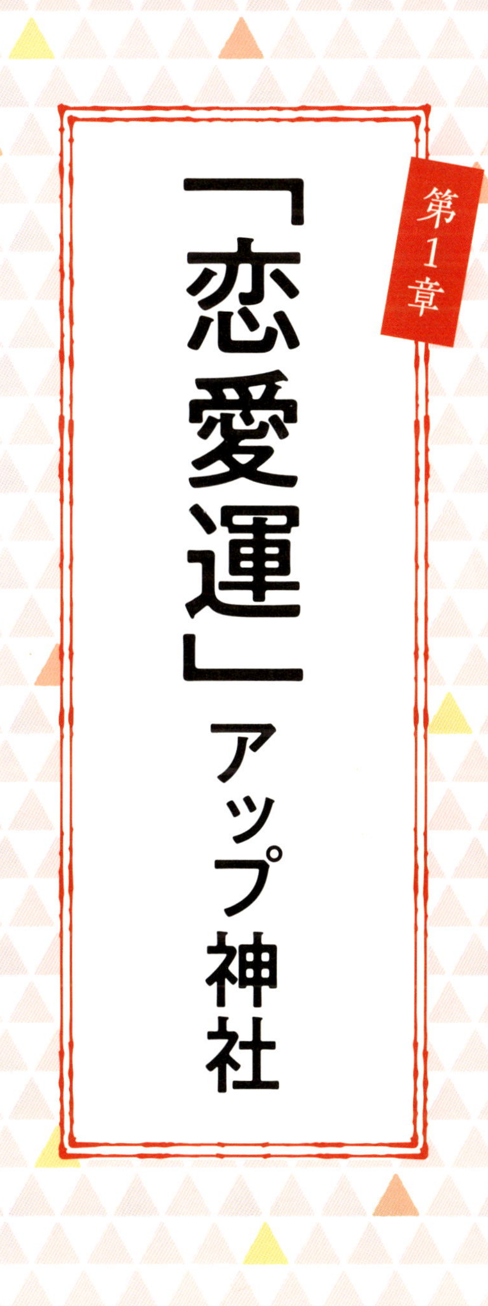

第1章

「恋愛運」アップ神社

火の神カグツチを
産んだことで
命を落とした
イザナミ
嘆き悲しんだイザナキは
生まれたばかりのカグツチを
斬り殺してしまいます
イザナキ
生まれた
ばっかり
なのに…
剣についた
血から生まれたのが
タカオカミノカミ（高龗神）
水の神
そして雨の神
それが貴船神社のご祭神
雨は農作物の
生長に欠かせない
しかし
少なすぎても
多すぎても
いけない
それを
コントロールする
重要な神様
悪しき縁も
水に流してくれるのか――

貴船神社
瑞々しくて緑がたくさんあってとても清々しい
ホントに縁切り神社なんですか
ネットには「縁結び」としてたくさんの情報があったけど
ここは本宮で他に結社（中宮）、奥宮とあって結社が縁結びで有名なんですよ――
水の神様だけあってホントに川のほとりなんだ
すべて歩いてすぐ
エビスム

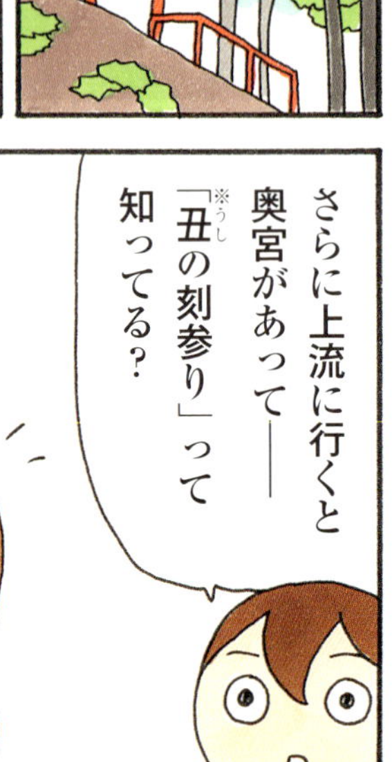

※丑の刻参り…能の謡曲『鉄輪』から民間に広まった呪術。実は物語中では、丑の刻参りをした女性の悲願は叶わなかったという。

そうそうその「丑の刻参り」のゆかりの地が奥宮ともいわれているの
鉄輪（五徳をひっくり返す）
ろうそく
松明の両端に火
顔を白く塗る
五寸釘
白装束→
髪を振り乱す
1本歯のゲタ
丑の刻参り衣装
というのも貴船大神が太古の「丑の年の丑の月の丑の日」に降臨したとされていることから「丑の刻」に参拝するとより一層願いが叶うといわれた
それがいつのまにか呪詛になった
願いが叶って幸せになるより
恨みの力の方が強いんだろうか…
それでまことしやかに「縁切り神社」といわれているのか
上流に向かって歩いていく
緑がいっそう厚みを増す

※「闇龗神（くらおかみのかみ）」と「玉依姫命（たまよりひめのみこと）」も祀られていると伝えられている。

ぶわっ
風!?
!?
……
……
決めたっ

私もう
金輪際(こんりんざい)彼のSNSを追っかけないことにする！
ゴソゴソ
おふたりとも証人になってくださいね
しほさんは自分のスマホから元カレのSNSのアドレスを消した
何故急に？
その後改めて本宮で御祈禱(ごきとう)をして結社をお参り
「結び文」に願いを書いて結ぶ
新しい出会いがありますように しほ
水占みくじも——
何も書かれていないおみくじ
↓
水面に浮かべると字が浮き出る
水占 吉 みくじ
あ出た!!
吉!!

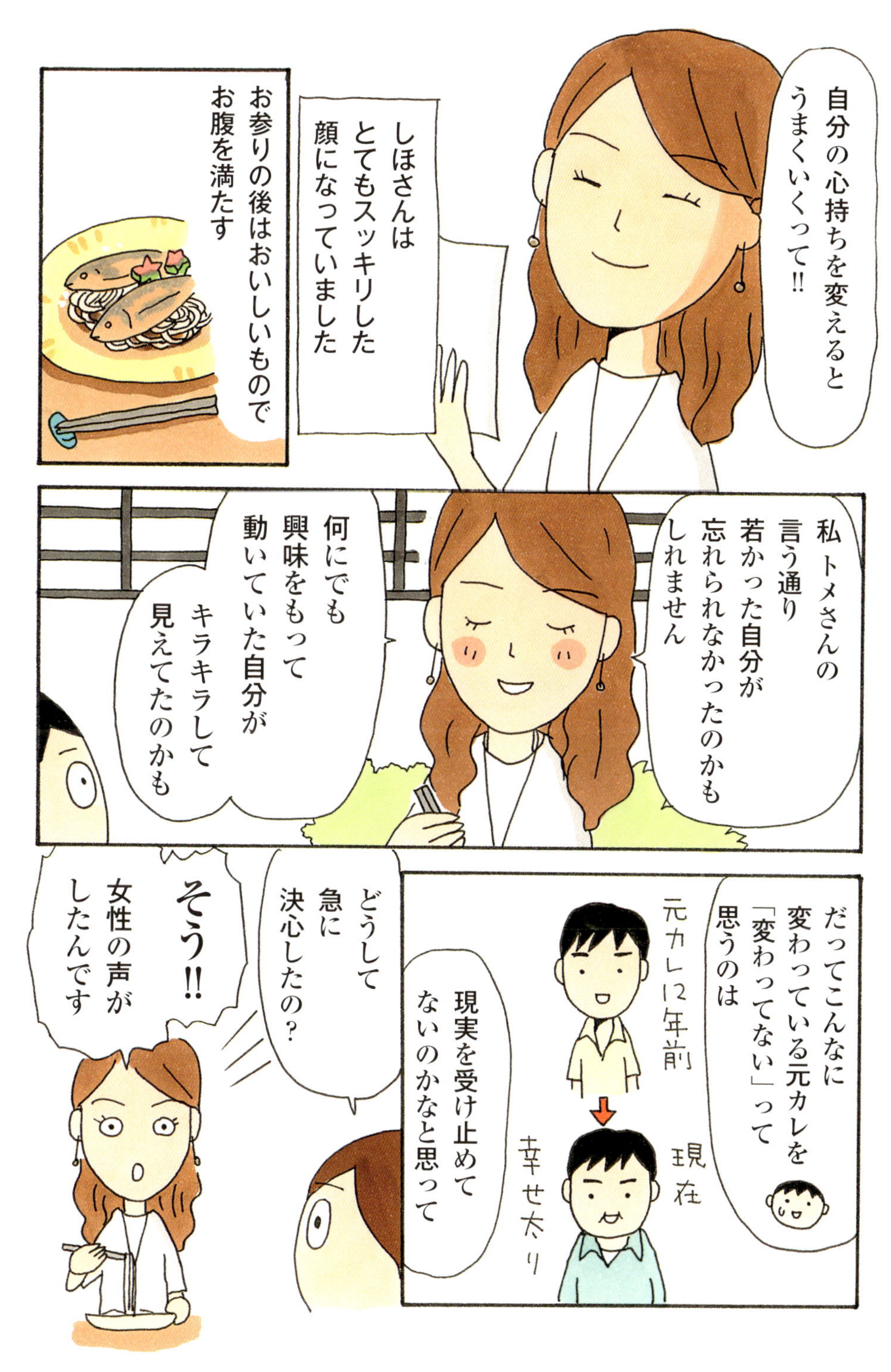
自分の心持ちを変えるとうまくいくって!!
しほさんはとてもスッキリした顔になっていました
お参りの後はおいしいものでお腹を満たす
私トメさんの言う通り若かった自分が忘れられなかったのかもしれません
何にでも興味をもって動いていた自分がキラキラして見えてたのかも
だってこんなに変わっている元カレを「変わってない」って思うのは
元カレ12年前
現在
幸せ太り
現実を受け止めてないのかなと思って
どうして急に決心したの?
そう!!
女性の声がしたんです

ククリヒメから
しほさんへの
コトバ
「そのチケット
もう有効期限切れよ」
もしかして
ククリヒメ!?
私
このひとことで
納得しました

トメさん、ゆうさん

しほです。

神社へご一緒していただいてから、

数ヶ月が経ちました。

あの悶々(もんもん)とした日々がまるで嘘のような気がしています。

彼のことが忘れられなかったのは、

その頃の彼、その頃の自分が忘れられなかったから。

今では、なぜそんなに悩んでいたのかさえわからないぐらい。

きっと恋という風邪にかかっていたんだと思います。

何かに縛られると、そこから動けなくなるんですね……。

もうあの時の私には戻りません！

新しい彼を見つけられるよう、まずは自分を磨く努力に時間を使いたい。

こんなにスッキリと前に進めるきっかけをもらえて感謝しています。

今後は、新しい彼と縁結びに神社へ行きたい。

良い報告ができるよう、前向きにがんばります！

しほ

※天皇・上皇の流罪は400年ぶり。

安井金比羅宮のご神徳は「縁切り」となった
安井金比羅宮
悪縁を切り良縁を結ぶ祈願所
この場合の縁切りとはカップルだけでなく仕事仲間や友人の縁もってことでしょ？
お参りしたら縁が切れることないの？
良縁だったら縁は切れないいんだって
縁のリトマス試験紙？
さらに強く結ばれるご利益もあるらしいよ
鳥居の下にキャッチフレーズわかりやすいー
それがねー
エビスート
じゃあ取材のあとエビスと縁が切れたら悪縁だったたってこと？
ニヤリ
あっあれは——
ペこり

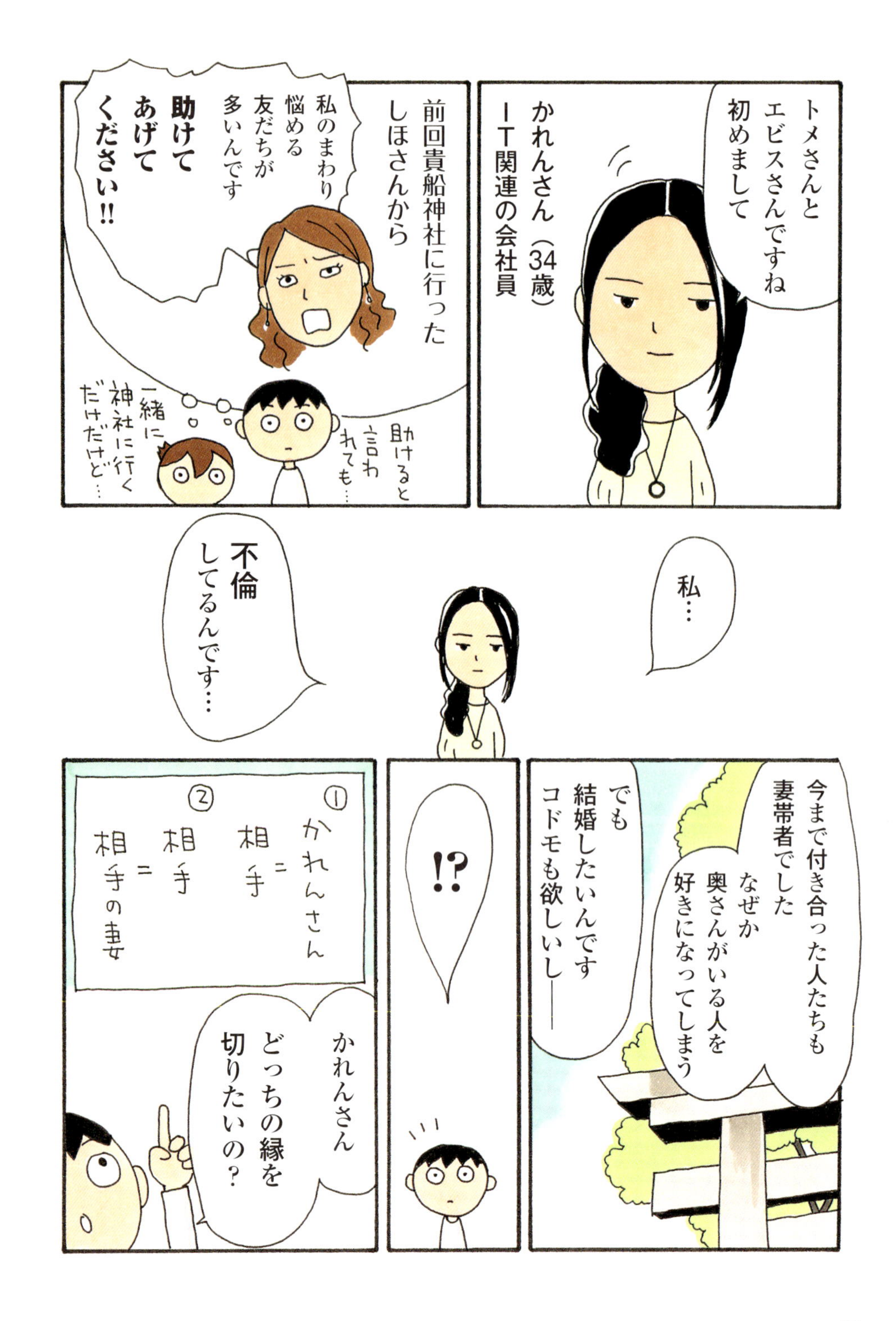
トメさんとエビスさんですね初めまして
かれんさん（34歳）IT関連の会社員
前回貴船神社に行ったしほさんから
私のまわり悩める友だちが多いんです助けてあげてください!!
助けると言われても…
一緒に神社に行くだけだけど…
私…
不倫してるんです…
今まで付き合った人たちも妻帯者でした
なぜか奥さんがいる人を好きになってしまう
でも結婚したいんですコドモも欲しいし――
!?
①かれんさん＝相手
②相手＝相手の妻
かれんさんどっちの縁を切りたいの？

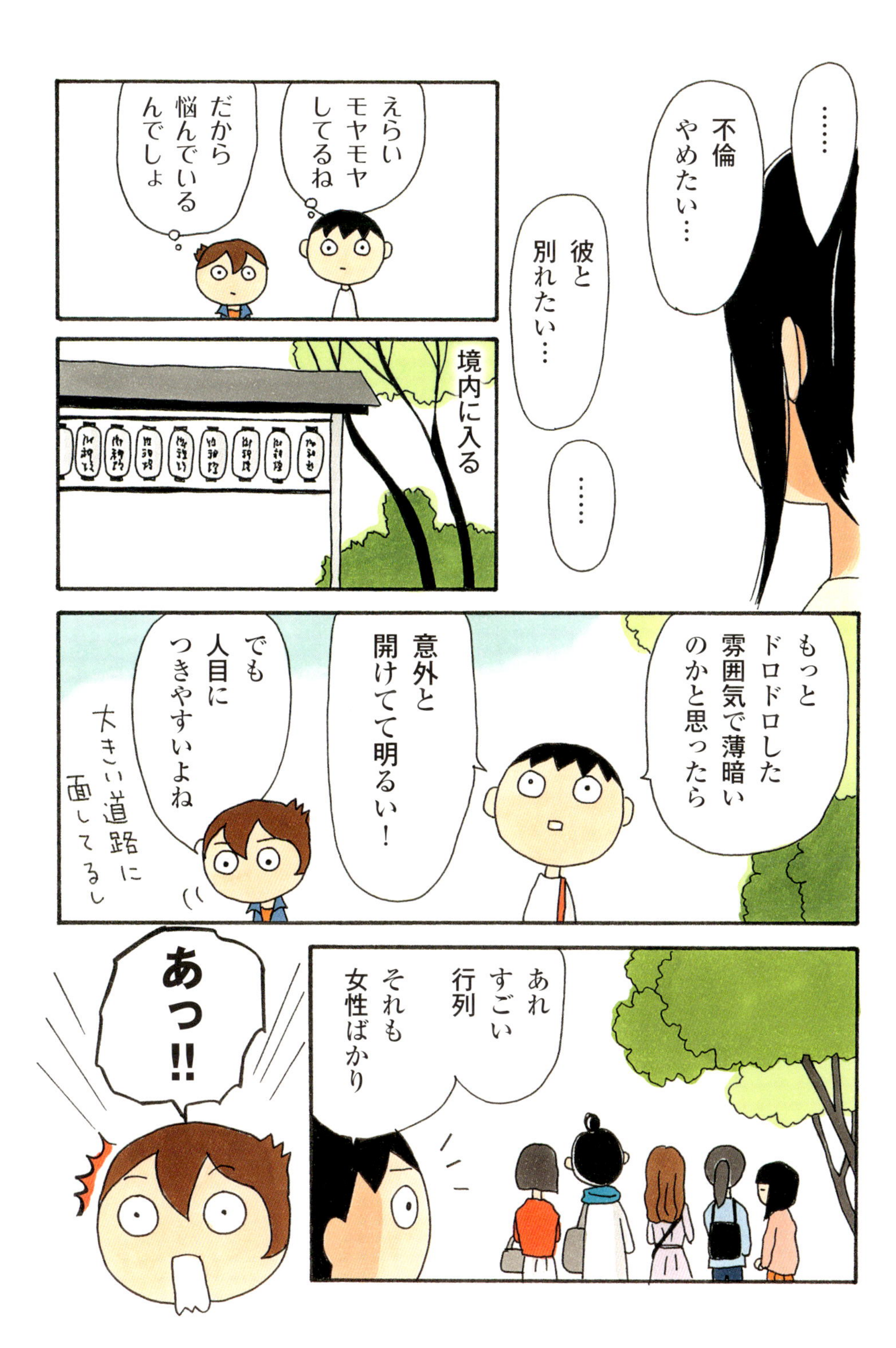
……
不倫やめたい…
彼と別れたい…
……
えらいモヤモヤしてるね
だから悩んでいるんでしょ
境内に入る
もっとドロドロした雰囲気で薄暗いのかと思ったら
意外と開けてて明るい！
でも人目につきやすいよね
大きい道路に面してるし
あれすごい行列
それも女性ばかり
あっ!!

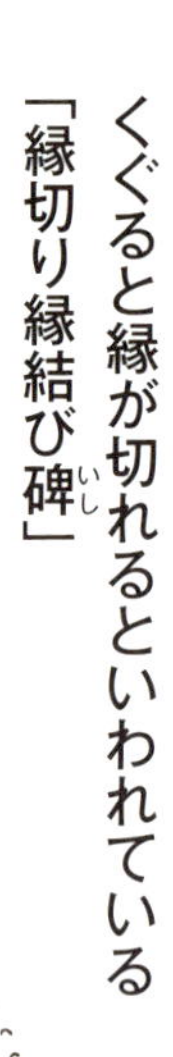
くぐると縁が切れるといわれている「縁切り縁結び碑（いし）」

願いごとを書いた「形代」が貼ってある

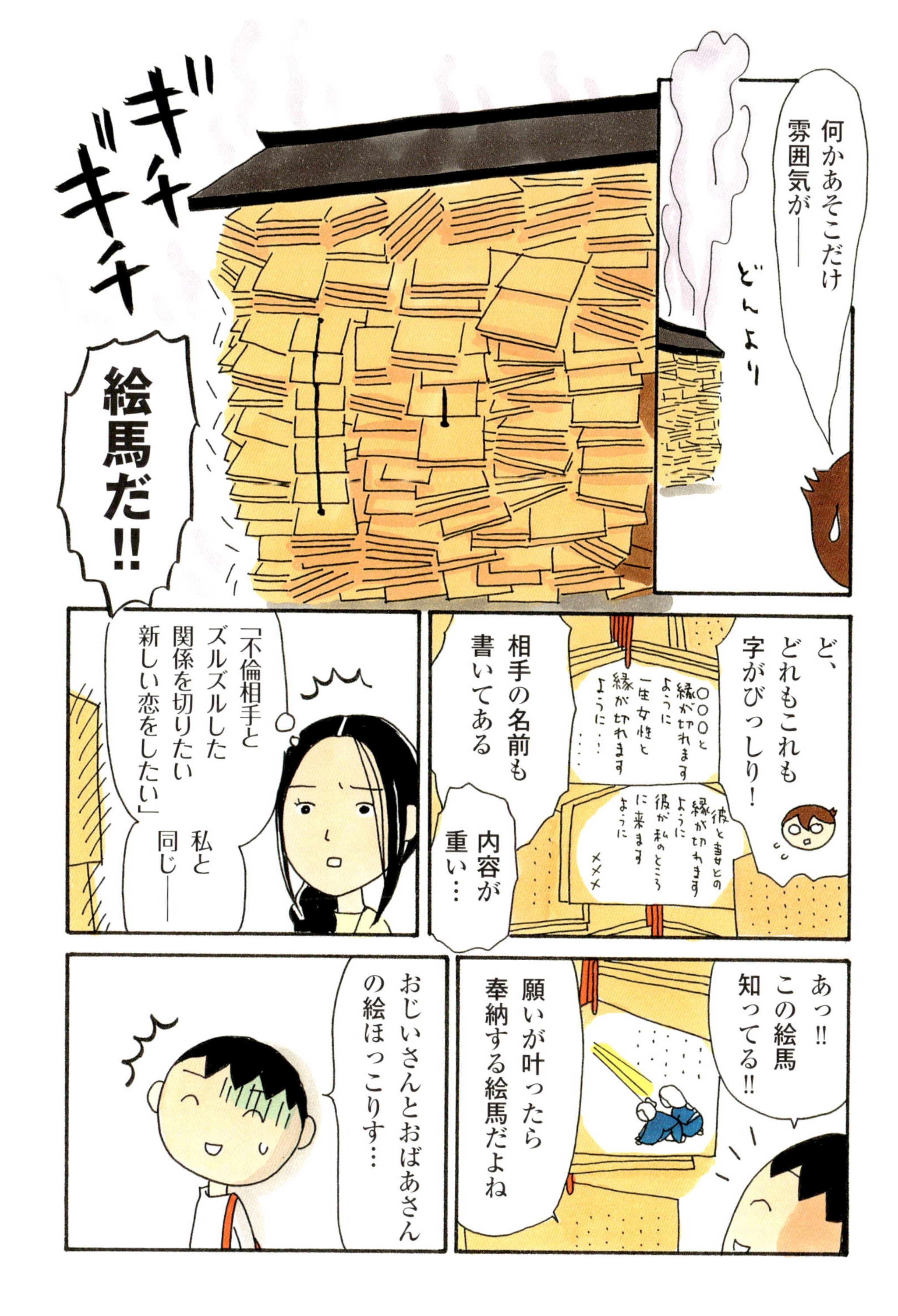

何かあそこだけ雰囲気が――
どんより
ギチギチ
絵馬だ!!
ど、どれもこれも字がびっしり！
○○○と縁が切れますように
一生女性と縁が切れますように・・・
彼と妻との縁が切れますように
彼が私のところに来ますように
×××
相手の名前も書いてある
内容が重い・・・
「不倫相手とズルズルした関係を切りたい新しい恋をしたい」
私と同じ――
あっ!! この絵馬知ってる!!
願いが叶ったら奉納する絵馬だよね
おじいさんとおばあさんの絵ほっこりす・・・

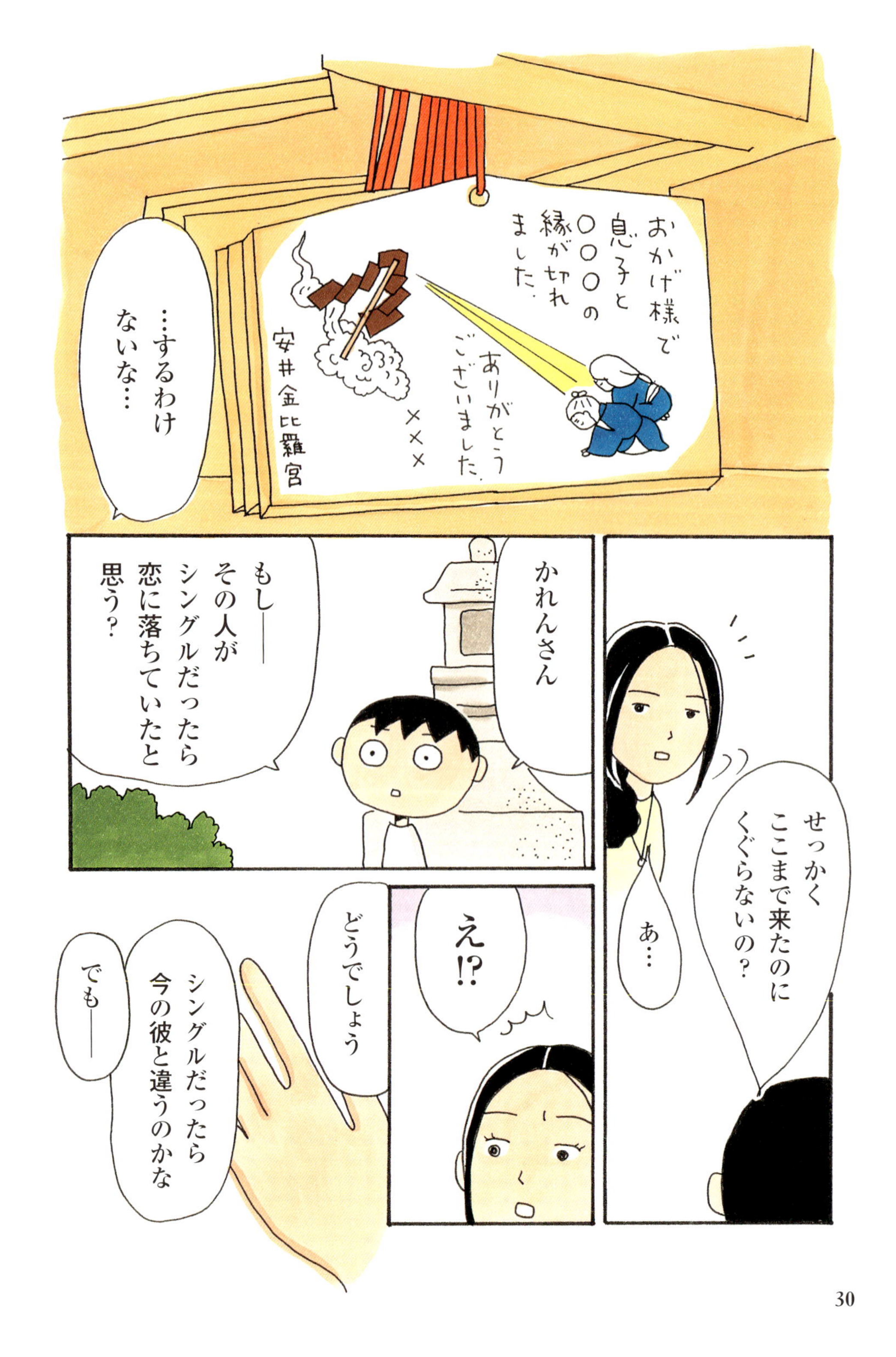
おかげ様で息子と○○○の縁が切れました。
ありがとうございました。
×××
安井金比羅宮
…するわけないな…
せっかくここまで来たのにくぐらないの？
あ…
かれんさん
もし——その人がシングルだったら恋に落ちていたと思う？
え!?
どうでしょう
シングルだったら今の彼と違うのかな
でも——

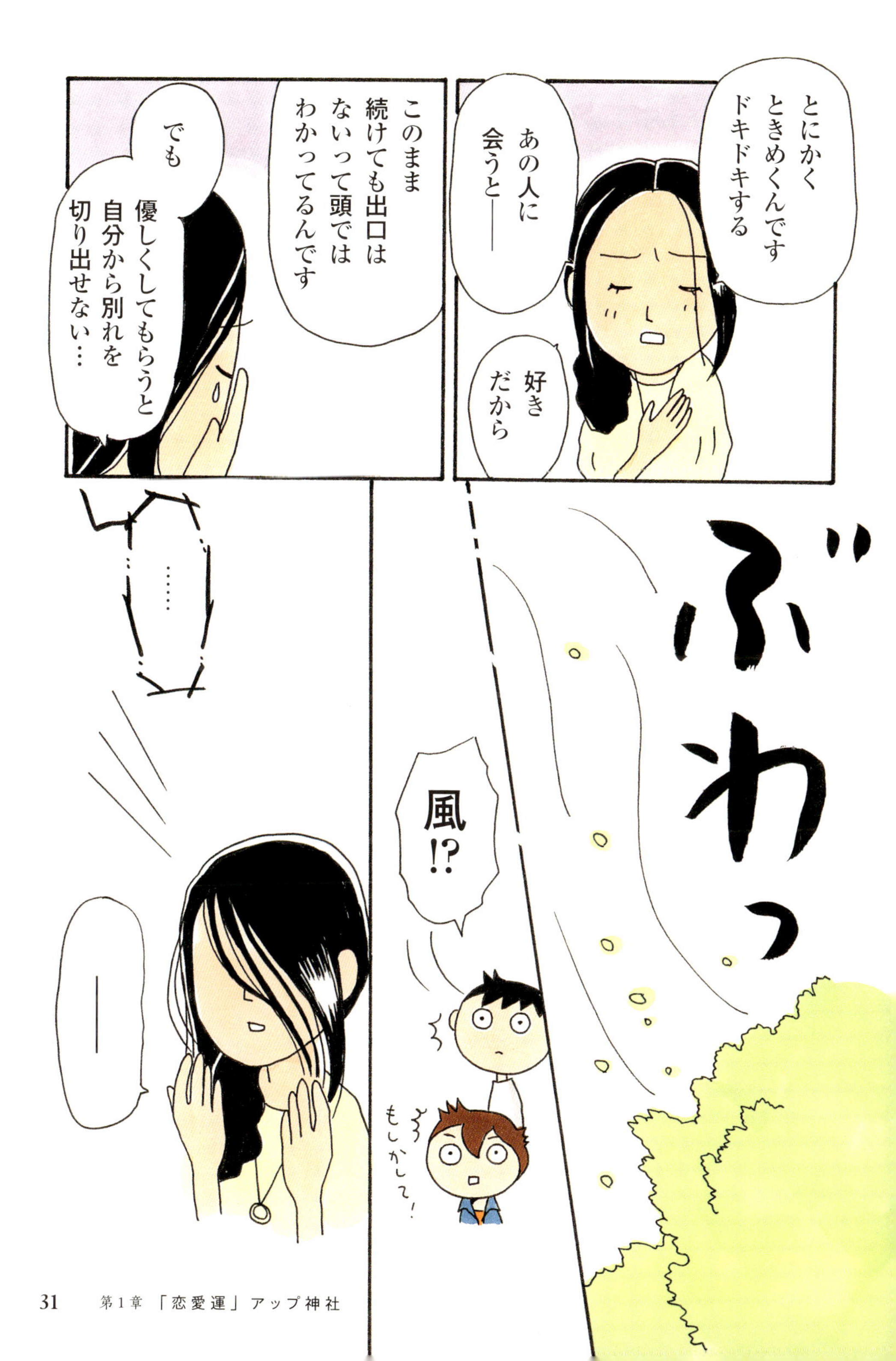

とにかくときめくんですドキドキする
あの人に会うと――
好きだから
このまま続けても出口はないいって頭ではわかってるんです
でも
優しくしてもらうと自分から別れを切り出せない…
ぶわっ
風!?
もしかして!
……
――

く…
くぐってみます

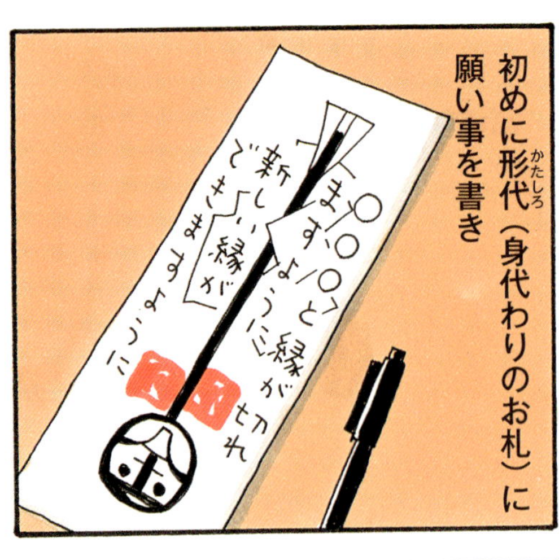
初めに形代（かたしろ）（身代わりのお札）に
願い事を書き
○○、○○と縁が切れますように
新しい縁ができますように

それを手に持って
ドキドキ

まず手前から向こうに
くぐって悪縁切り

私に勇気を!!
縁が切れますように!!

出口!
あっという間だ

今度は向こうからこちらにくぐって良縁結び
がんばれー
かれんさーん
胎内ってこんな感じ?

一瞬
世界が
変わった気がした——

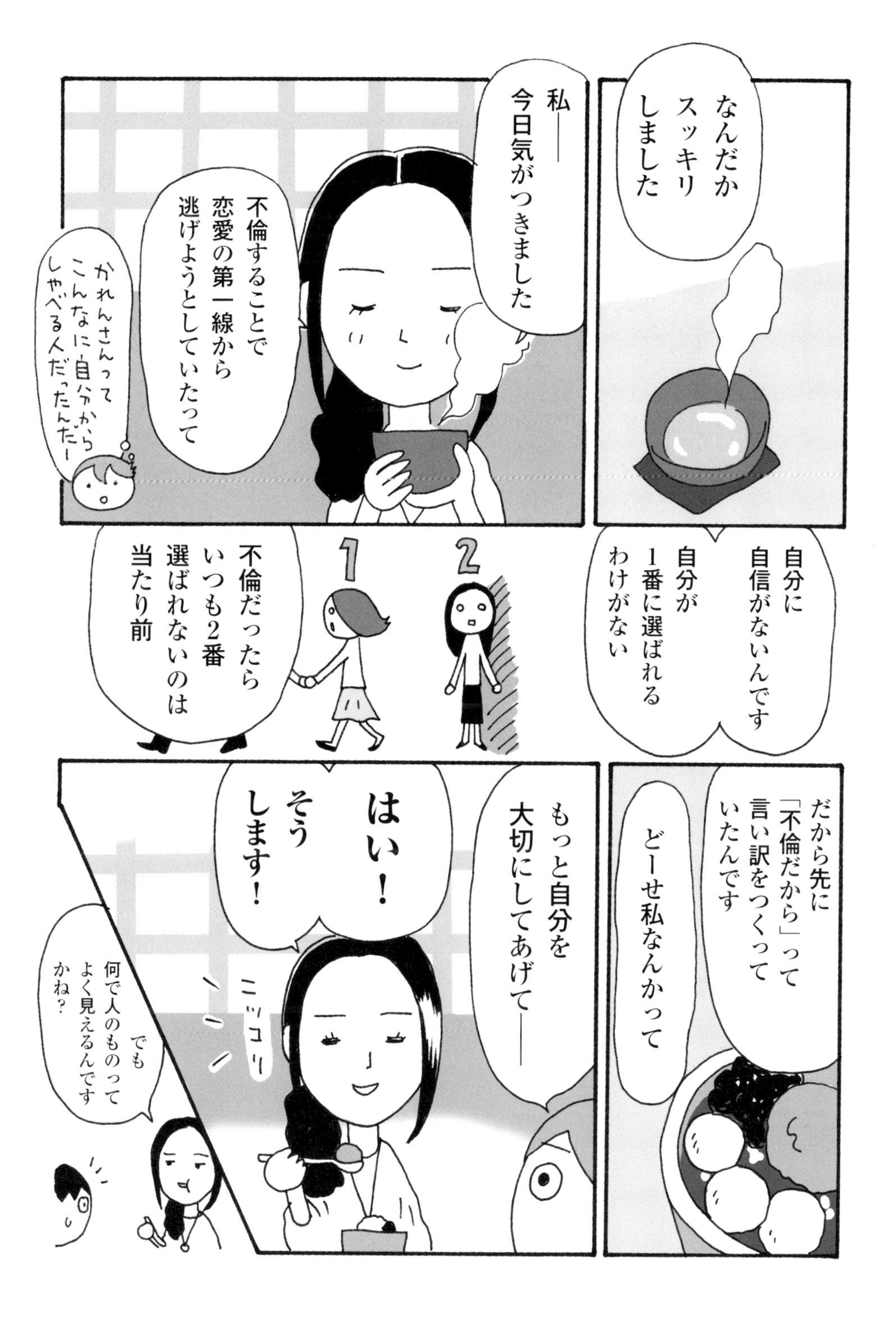
なんだか
スッキリ
しました
私――
今日気がつきました
不倫することで
恋愛の第一線から
逃げようとしていたって
かれんさんって
こんなに自分から
しゃべる人だったんだー
自分に
自信がないんです
自分が
1番に選ばれる
わけがない
1
2
不倫だったら
いつも2番
選ばれないのは
当たり前
だから先に
「不倫だから」って
言い訳をつくって
いたんです
どーせ私なんかって
もっと自分を
大切にしてあげて――
はい！
そう
します！
ニッコリ
でも
何で人のものって
よく見えるんです
かね？

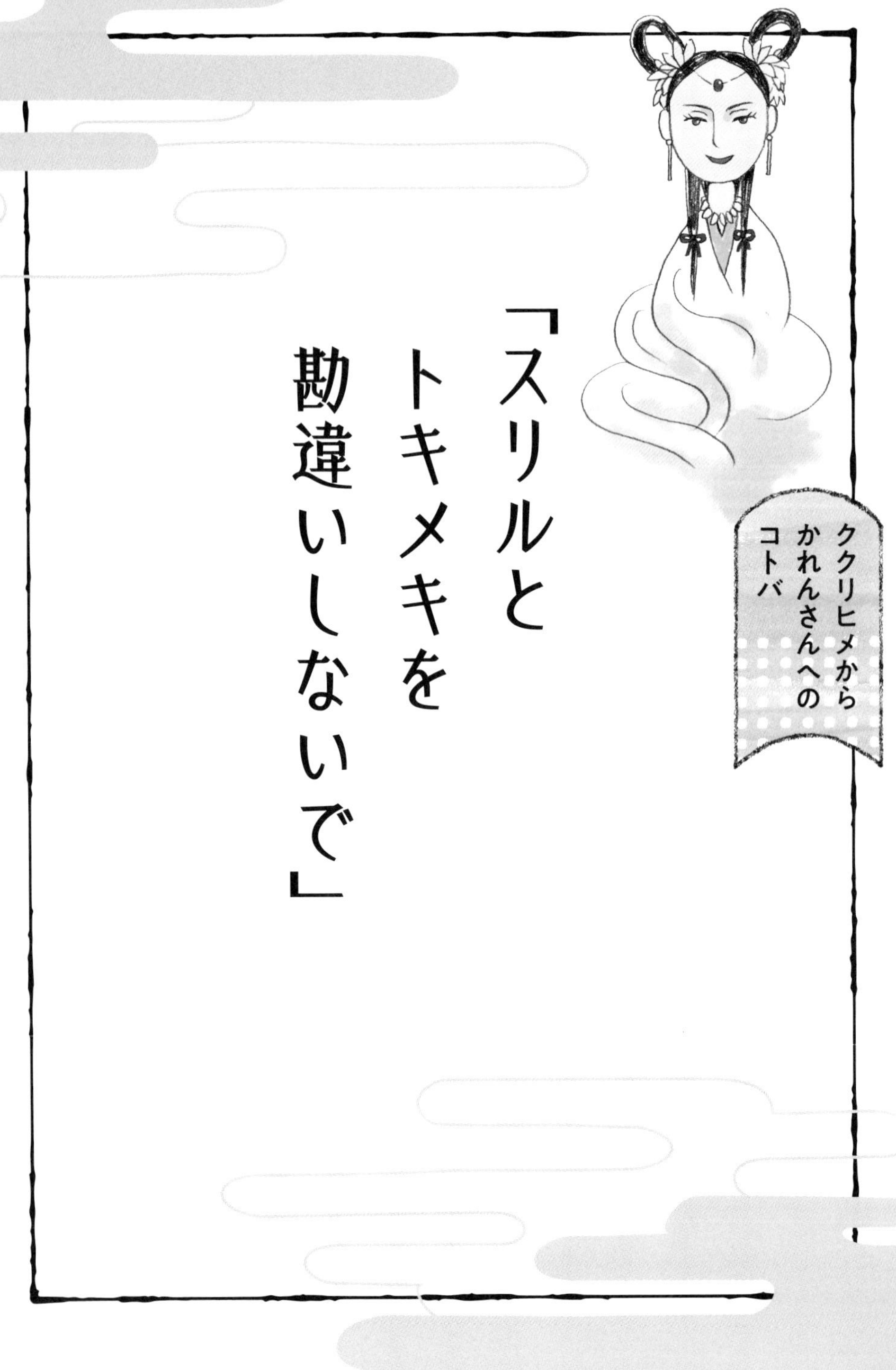

ククリヒメから
かれんさんへの
コトバ

「スリルとトキメキを勘違いしないで」

ふくもの隊

トメさま、エビスゆうさま

こんにちは。かれんです。

まずは、ご報告です。

「彼と別れました。ありがとうございました！」

彼にそのことを伝えると、引き止めるための色々な言い訳を言われましたが、
別れると決めたら、何かがすっと抜けたようで、
笑顔で「さようなら」を言えました。
あのまま、不倫を続けていたら、きっと今でも自分を嫌いで、
そして彼を恨んでいたと思います。
神社での「縁切り縁結び碑」は私にとって、生まれ変わるきっかけを
もらったのだと感じています。

もっともっと自分を好きになって、そんな私を好きになってくれる
たったひとりの人を探したいと思います。

追記・もう、人のものは欲しがらないです（笑）

かれん

櫟谷七野神社
不倫で悩む女性
夫の浮気で悩む女性
何コレ
不実な男性で悩む女性は多い
「浮気封じ」「縁切り」「縁もどし」に特化した神社があるよ
浮気にピンポイントか
エビスノート
それが櫟谷七野神社さっそく行ってみる
民家の裏の路地だよホントにこの道？
う〜ん
あ、あそこみたい！
住宅街の中に突然現れたお社ご祭神は高砂大神、春日大神など
これはなかなかわかりづらいねー
神職さんも
参拝者もいないー

あ
何だろう？
この白い小石の山
「縁切り」
「縁もどし」
ご祈願の
高砂山って
ここに小石が
置いてある
同封の紙に
願いを書くんだー
で山を盛るんだ
無人だから
全てセルフ
なんだね
お守りも
ある
「縁切り」も「縁もどし」
も同じだ…
小石が入っていて
浮気相手の家の前や敷地に
密かに一粒置く
「縁切り」
守り
「縁もどし」
守り
同じ＝
「縁もどし」の
場合は両方の
お守りが必要
相手の
個人
情報が
必要だ
再現ドラマ（想像）
ある朝
さとこさんが
仕事に行こうと
玄関のドアを
開けると――

白い小石？
はっ
彼の奥さんにバレてる!?
怖いよねー
奥さんドアの前まで来たってことでしょ？
宣戦布告？
その前に小石に気づくのか？
そもそもこの白い小石の山は何で始まったんだろう？
それは神社の由緒によると59代宇多天皇の皇后が――
離れてしまった天皇の愛を復活させて欲しいのです…
と祈ったところ
「社前の白い砂を三笠山の形に積み祈願せよ」と神のお告げがあったとか
その通りにしたら天皇の愛がもどったという
それで縁もどし

そういえば絵馬ってどこにかけてあるんだろう？
キョロキョロ
あ!!
この中に発見
この神社の絵馬は心おきなく「真実のキモチ」が書けるよう人目につかない本殿の中にかけられていました
「浮気封じ」特別ご神符っていうのもあるよ
自分の想う人の名前
浮気相手の名前
浮気封じ祈願
と
を封じ
常に持ち歩いてって
これもし奥さんと浮気相手の両方がこの特別ご神符を持ったら——
神様はどっちの味方をするだろうか？
バチバチバチバチ
難しいな…

鉄輪の井戸
え!? ここ?
どう見ても個人の家だけど
ほら この石碑!
謡曲傳示 鐵輪跡
ホントだ!
では失礼します~
カラカラカラカラ
静かに――
あっ! 赤い鳥居らしきものが!!
これだ!! 縁を切るといわれている「鉄輪の井戸」

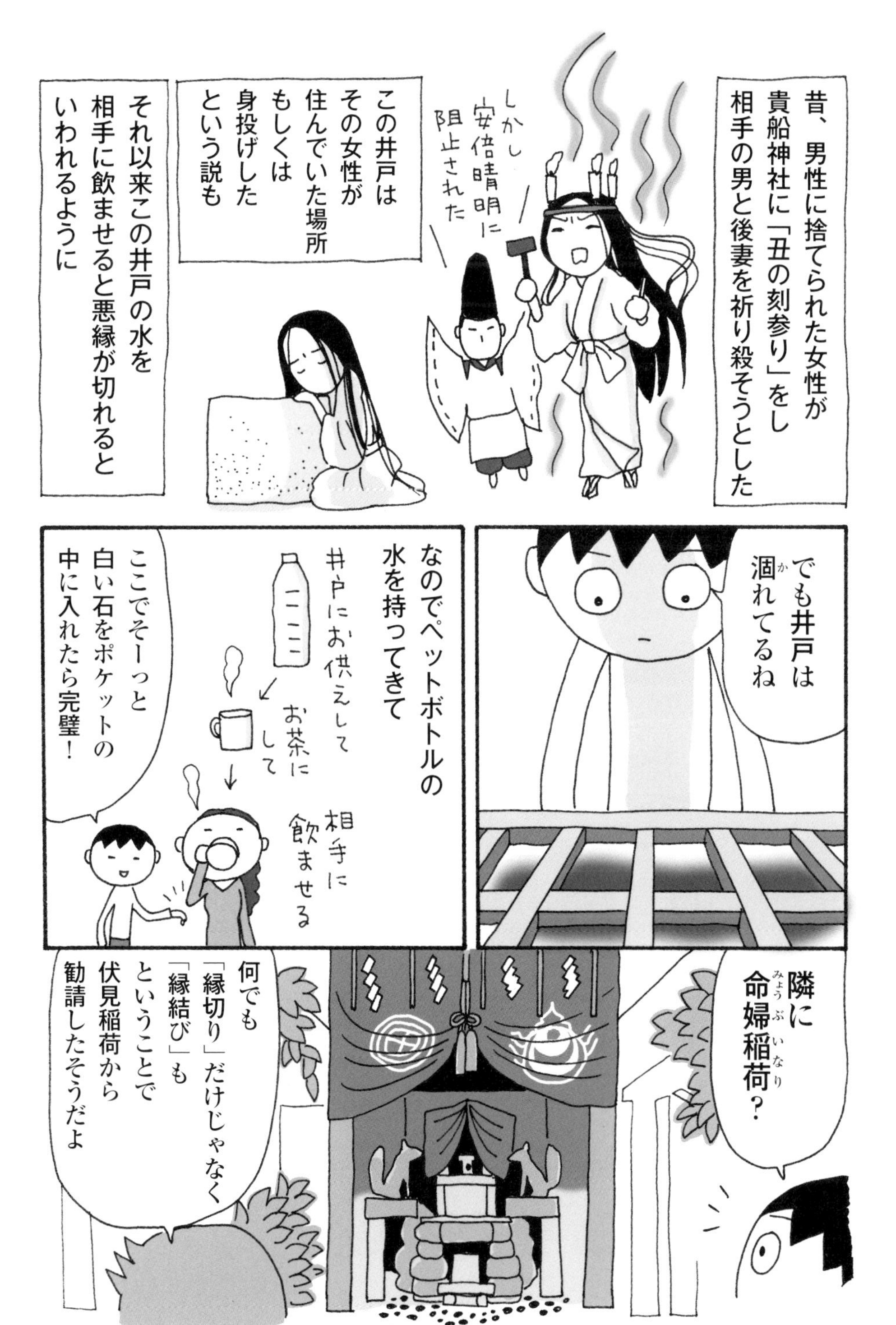

昔、男性に捨てられた女性が
貴船神社に「丑の刻参り」をし
相手の男と後妻を祈り殺そうとした
しかし安倍晴明に阻止された
この井戸はその女性が住んでいた場所もしくは身投げしたという説も
それ以来この井戸の水を相手に飲ませると悪縁が切れるといわれるように
でも井戸は涸れてるね
なのでペットボトルの水を持ってきて
井戸にお供えして
お茶にして
相手に飲ませる
ここでそーっと白い石をポケットの中に入れたら完璧！
隣に命婦稲荷？
何でも「縁切り」だけじゃなく「縁結び」もということで伏見稲荷から勧請したそうだよ

「縁結び」かー
その女性も
浮かばれるかなー
最初ここはちょっと
不気味だなと
思ったけど
この近所の人たちが
ここを守り
ここの神様が住民を
守ってくださって
いる――
そんな風にも
見えるんだけれども
ネガティブな
人間関係見てたら
カラダが
重くなってきた
だよねー
あっ
そんなときは
あの神社に
行こう！
あ～
広い空!!
ぱあっ
いろんなものが
落ちるー!!
八坂神社
ご利益は
厄除け、縁結び、疫病退散

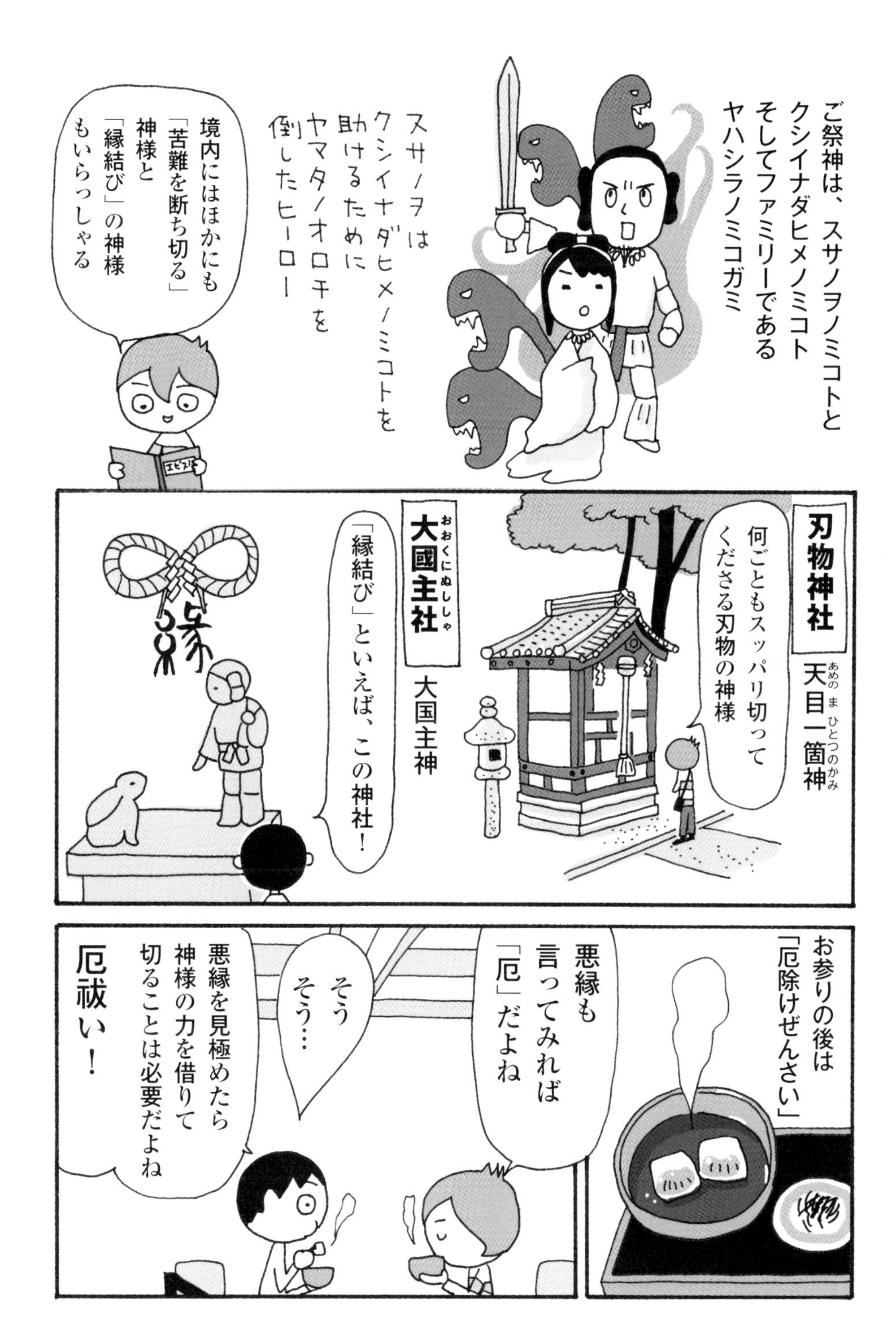
ご祭神は、スサノヲノミコトとクシイナダヒメノミコトそしてファミリーであるヤハシラノミコガミ
スサノヲはクシイナダヒメノミコトを助けるためにヤマタノオロチを倒したヒーロー
境内にはほかにも「苦難を断ち切る」神様と「縁結び」の神様もいらっしゃる
エビス
刃物神社
天目一箇神（あめのまひとつのかみ）
何ごともスッパリ切ってくださる刃物の神様
大國主社（おおくにぬししゃ）
大国主神
「縁結び」といえば、この神社！
縁
お参りの後は「厄除けぜんさい」
悪縁も言ってみれば「厄」だよね
そうそう…
悪縁を見極めたら神様の力を借りて切ることは必要だよね
厄祓い！

門田稲荷神社は下野国一社(しもつけのくにいっしゃ)八幡宮の境内にある
縁切りの社
門田稲荷神社
下野国一社 八幡宮境内社
稲荷神社といえばご祭神は
ウカノミタマノカミ
門田稲荷神社
ご祭神は縁切りには関係ない
ごくふつうのお稲荷さんみたいだけど
しかし――
この神社のご神徳「縁切り」がいつからどうやって始まったのかははっきりわかっていない
日本三大縁切り稲荷の一つといわれているんだよね
わっ
コマ犬ならぬコマキツネ⁉
アゴのラインとしっぽがかっかっキツネ
それにしてもすっかり形がなくなっちゃって――
みんな縁切り祈願しすぎ⁉

本殿にお参りしつつも――
ペコペコ
パンパン
ペコ
うーん…
何か感じるよね…
うーん…
絵馬掛所――
字がびっしり
強烈
縁を切って下さ
彼と奥さんの縁が切れますように
妻と縁が切れますように
×××
死・死
○○に
トドメをさして
縁切れて！
お…
重い――
元カレと縁を
切って下さい
死んで下さい
上司の○○がいなくなりますように
「死」というコトバが乱舞してる
ビョウが刺さったものも…
相手の名前はもちろん
期限付きの死亡予告まで…
並々ならぬ憎悪の気

これは祈願ではなく
もはや
呪いだよ〜〜
見るのもつらい…
あれ？
絵馬の下に
ひしゃくがお供え
してある
それも
「穴」が開いてる
何だろう？
祈願のコトバも
書いてある
あ
女性の参拝者が
ひとり
キョロキョロ
明らかに人目を
気にしてる？
我々は
おジャマ
かも〜

隣の下野国一社八幡宮へお参りに
カラダが重くなった――
手水舎でよく手を洗おう
あ！
「茅の輪」だ!!
ラッキー!!

「茅の輪」とは
茅(ちがや)で作った輪
鳥居内の参道に設け
これをくぐることで
心身を清めて
厄災を祓い
無病息災を
祈願する
サオ
「夏越の大祓」で
よく登場する
カラダが
軽くなる〜
究極の
厄祓い
アイテム
ひしゃくのこと
聞いてみた
水が穴から
落ちるように
いつの頃からか
参拝する人が
始めたそう
悪運も
抜け落ちて
いきますように

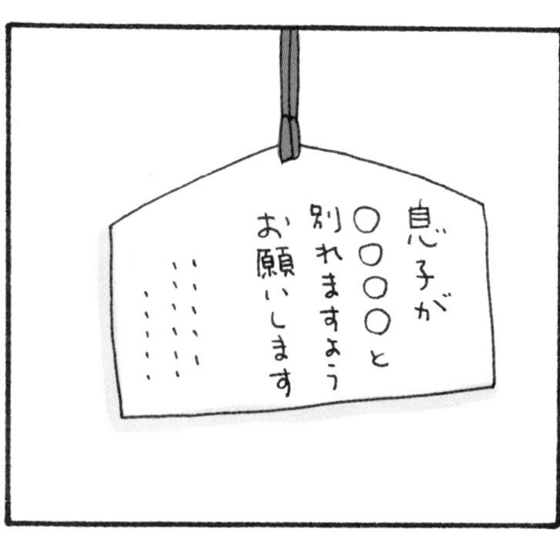

神社の話では
絵馬はここ最近
すごく増えていて

今までは半年に一度
だったお焚き上げが
間に合わなくなって
きているそう

縁切りしたい
人が増えてるって
こと？

いやもともと
たくさんいたんだ
ろうけど

SNSの影響で
「縁が切れる場所」が提示され

そこに集まった
縁を切りたい人が
目に見えるようになった
からじゃないかな？

ひしゃくも絵馬も
これからもっと増えていきそう

貴船神社

万物の根源である氣が生じる聖地 清らかな水で悪縁を洗い流す

絵馬発祥の地である貴船神社の絵馬には良縁にまつわる願いがたくさん書かれています。

京都市街地の北、貴船山と鞍馬山の山峡に鎮座しているのは、全国に約500社ある貴船神社の総本宮です。

貴船川沿いに麓から本宮、結社、奥宮と3つの社が点在し、本宮と奥宮には高龗神という神様が祀られ、結社には磐長姫命という縁結びの神様が祀られています。社名の「貴船」は一般的な読みでは「きぶね」と音が濁りますが、ご祭神の加護を受けている水がいつまでも清らかで濁らないようにという願いから「きふね」と発音します。

平安時代には天皇の勅命による雨乞いや雨止めの祈禱がたびたび行われてきました。このとき献上されていた馬が時代を下って馬の形をした板になったのが絵馬のはじまりです。

古くは「氣生根」とも表記され、万物の氣が生じる根源の地と考えられていました。そのため参拝すればありとあらゆる運気が上昇するとされ、多岐にわたる職業の人々の崇敬を集めてきました。

庶民から朝廷まで広く信仰されてきた神様は、「丑の年の丑の月の丑の日に天上より貴船山中腹に降り立った」

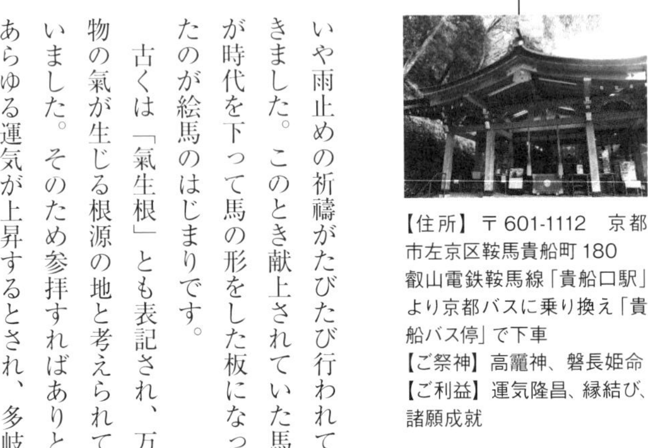

【住所】〒601-1112　京都市左京区鞍馬貴船町180
叡山電鉄鞍馬線「貴船口駅」より京都バスに乗り換え「貴船バス停」で下車
【ご祭神】高龗神、磐長姫命
【ご利益】運気隆昌、縁結び、諸願成就

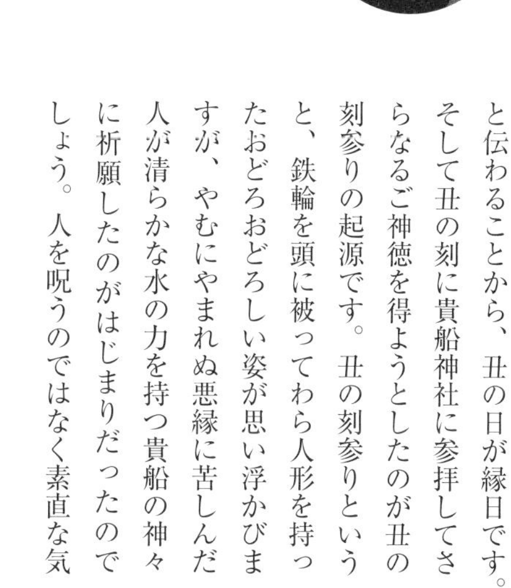

女性に大人気の「水占みくじ」。本宮前の石垣から湧き出るご神水に浸すと文字が浮かび上がってきます。

と伝わることから、丑の日が縁日です。そして丑の刻に貴船神社に参拝してさらなるご神徳を得ようとしたのが丑の刻参りの起源です。丑の刻参りというと、鉄輪を頭に被ってわら人形を持ったおどろおどろしい姿が思い浮かびますが、やむにやまれぬ悪縁に苦しんだ人が清らかな水の力を持つ貴船の神々に祈願したのがはじまりだったのでしょう。人を呪うのではなく素直な気持ちで祈願すれば、悪縁を清らかな水が流してくれます。

趣のある本宮表参道の石段と春日灯籠。夕方から20時までライトアップされます。

本宮をお参りしたあとは、結社におられる磐長姫命へ参拝するといいでしょう。磐長姫命は天皇家の祖先である瓊瓊杵尊（ににぎのみこと）に嫁ぎました。しかし一緒に嫁いだ妹の木花開耶姫命（このはなさくやひめのみこと）と比べられ、実家に戻されてしまいます。良縁に恵まれなかった磐長姫命は「人々のために良縁を授けましょう」といって貴船の地に鎮まりました。平安時代には歌人・和泉式部が離れてしまった夫の心を取り戻そうと、

ものおもへば 沢の蛍も わが身より
あくがれいづる 魂（たま）かとぞみる

という歌を奉納したところ、夫と復縁を果たしたという逸話も残っています。このことから結社は「恋の宮」とも呼ばれます。

安井金比羅宮

日本随一の縁切り神社
人々の想いが集う碑が圧巻

願い事を書く形代（お札）（左）。
縁切り縁結び碑（下）。

昨今「縁切り神社」といえば、もっとも有名なのがこの安井金比羅宮。

境内に入ってまず目に飛び込んでくるのが、高さ1・5m、幅3mの縁切り縁結び碑です。碑にはこれまで参拝した人々の形代が隙間なく貼られています。形代とは自身の身代わりになってくれるお札のことで、悪縁を切り、良縁を結んでくれます。悪縁を切りたい時は、願い事を書いた形代を手に碑中央に開いた穴を表から裏へくぐります。良縁を結びたい時は裏から表へ。

篤い信仰を集めている理由は、日本三大怨霊として知られるご祭神・崇徳天皇にあります。平安の世、皇位をめぐる戦いで敗れた崇徳上皇は配流の刑で讃岐に流され、その地で数々の非道な仕打ちを受けます。そこで自身を苦しめた世俗のしがらみを断ち切るため讃岐の金刀比羅宮で参籠を行ったのです。自分のように悪縁に苦しむ人々を救い、もう苦しむことがないように良縁を結びつけてくれるのです。

京都の地に残された崇徳上皇の寵姫・阿波内侍が、滞在していたお寺を建て直したのが安井金比羅宮です。

【住所】〒605-0823　京都市東山区下弁天町70
京阪本線「祇園四条駅」より徒歩10分、または阪急京都線「河原町駅」より徒歩15分
【ご祭神】崇徳天皇、源頼政公、大物主神
【ご利益】縁切り、縁結び

櫟谷七野神社（いちいだにななの）

白い砂（小石）を積んで愛を復活
悪縁切りには相手の側にひと粒

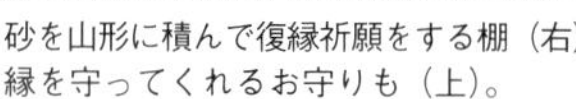

砂を山形に積んで復縁祈願をする棚（右）。
縁を守ってくれるお守りも（上）。

賑やかな市街地を少し外れた上京区の閑静な住宅街に櫟谷七野神社はひっそりと佇んでいます。社名は勧請先の奈良・春日大社の鎮座する地名が櫟谷であったことと、この神社が建てられた当初、神社一帯に7つの野があったことに由来しています。平安時代初期、時の天皇の后が懐妊した際に安産祈願のため春日大社から春日大神を勧請したのがはじまりです。

時を少し下った宇多天皇の時代。皇后が、離れてしまった宇多天皇の心をとりもどそうと神社を訪れると、「神社の前にある白い砂を三笠山の形に積み上げなさい」というお告げを受けます。その通りにして祈願したところ、なんと天皇と復縁を果たしたのです。この伝説から、浮気封じ・縁もどしが祈願されるようになりました。

訪れたらまず社殿の前の棚へ。白い砂を三笠山の形に積んで祈願用紙に記入し、初穂料とともに賽銭箱に納めれば、毎月神社で祈願していただけます。

また、「縁切り守り」に同封されている白砂を、縁を切りたい相手の側にこっそり置けば縁が切れるのだとか。

【住所】〒602-0094　京都市上京区大宮通盧山寺上る西入社横町277番地
市バス「天神公園前バス停」より徒歩約10分
【ご祭神】高沙大神、春日大神、武甕槌命 他19柱
【ご利益】浮気封じ、縁もどし

鉄輪の井戸。現在、井戸には網がかけられています。

八坂神社。摂社の大國主社前にある縁結びの神。

鉄輪の井戸（命婦稲荷社）

丑の刻参りをした女が落ちた井戸

【住所】〒600-8079 京都市下京区堺町通松原下る鍛冶屋町
市営地下鉄「五条駅」より徒歩７分
【ご祭神】正一位命婦稲荷大明神
【ご利益】縁切り、縁結び

「鉄輪」とは、鍋をのせる三本脚の道具で、丑の刻参りでは頭に乗せます。昔、自分を裏切った夫とその後妻を恨んで丑の刻参りをした女性がこの井戸で身投げをしました。その逸話にあやかって江戸時代には縁切りが盛んに。井戸の水を相手に飲ませると悪縁が切れるという俗信も広がります。のちに縁結びの神である伏見稲荷から勧請して命婦稲荷社が建てられました。

八坂神社

古来、悪いものを退ける神
神紋の加護でさらなる縁結び

【住所】〒605-0073 京都市東山区祇園町北側 625 番地
京阪「祇園四条駅」より徒歩で約５分、あるいは阪急「河原町駅」より徒歩で約８分
【ご祭神】素戔嗚尊、櫛稲田姫命、八柱御子神
【ご利益】厄除け、縁結び、疫病退散

ご祭神の素戔嗚尊はあらゆる災厄の象徴とされるヤマタノオロチを退治された神様であり、厄除け、災難除けのご利益があるとされます。

境内の天目一箇神を祀る刃物神社も苦難を断ち切り、幸運をもたらすといわれます。縁結びは、同じく境内の大國主社へ。神紋を象った「八坂紋結び」が強い良縁の加護を授けてくださいます。

門田稲荷神社

今も昔も口コミの力は絶大 どんな縁でも切ってくれる強力な神社

恋愛に効果がありそうな桃色のかわいらしい縁切り守。

境内には神様の使いである白狐がたくさんいます。

【住所】〒326-0824 栃木県足利市八幡町387
東武伊勢崎線「野州山辺駅」より徒歩10分
【ご祭神】倉稲魂神
【ご利益】縁切り

1912（明治45）年の神社合祀にともなって下野国一社八幡宮の中に祀られるようになった小祠です。

来歴は定かではないものの、遷座後すぐに「縁切り」の霊験がささやかれるように。その噂が噂を呼び、ネットがない時代にもかかわらず、瞬く間に「縁切り稲荷」としてその名が広まり、全国から縁切りを強く願う人々が殺到するようになりました。かつて社の壁には、一面に顔写真やピンが刺さった名刺が張りめぐらされ、絵馬には男女関係や人間関係のもつれによる凄惨な縁切り文句が書かれていたといいます。

今では写真を貼りつけるなどの行為は禁止され、かつての壮絶な光景はとても想像できないほど境内は整然とした空気に包まれています。

縁切りの願いは基本的に絵馬に書きます。そのほかにも無数の穴を開けたひしゃくを奉納して「ひしゃくの穴から水が落ちるように、悪縁も抜け落ちていきますように」と祈願する作法も。

恋愛の縁切りに効果てきめんですが、病気や悪い癖との縁もきれいに切ってくれる強力な神社です。

まだまだある
恋愛運アップ！
縁切り神社

四谷於岩稲荷 田宮神社

恐ろしい容貌のお岩さん 実は良妻賢母のできる女

【住所】〒160-0017 東京都新宿区左門町 17
東京メトロ丸ノ内線「四谷三丁目駅」より徒歩5分
【ご祭神】豊受比売大神、田宮於岩命
【ご利益】商売繁盛、芸道上達、開運、悪事災難除け

田宮於岩命とは『東海道四谷怪談』に登場するお岩さんのこと。物語では浮気した夫に薬を飲まされて非業の死を遂げ、霊になって復讐したと描かれていますが、モデルの女性は夫と円満で家の再興に尽くした聡明な方だったといいます。彼女の死後、その功績を称えて祀ったのがこの神社の創始です。二人のお岩さんが縁切り、縁結びの両方のご利益をもたらしてくれます。

縁切榎

皇族の花嫁も避けて 通ったほどの縁切り力

【住所】〒173-0001 東京都板橋区本町18-10
都営三田線「板橋本町駅」から徒歩5分
【ご祭神】—
【ご利益】悪縁切り

住宅街の一角にそびえる大木が悪縁切りに絶大な効力をもつとされる縁切榎。この榎の前を通った花嫁は必ず離縁すると伝えられ、江戸時代末期に皇女・和宮が徳川家に下向する際も、榎を避けて迂回したといわれるほどです。

一説には、かつて榎の隣に槻の木があり、榎と槻をつなげて読んだ「えんつき」が「縁尽き」という縁切りの解釈で広まったといいます。

鴻（こう）神社

コウノトリとお稲荷様の力で幸せを引き寄せる

【住所】〒365-0076 埼玉県鴻巣市本宮町 1-9
JR 高崎線「鴻巣駅」より徒歩 8 分
【ご祭神】素戔嗚命、速玉男命、別雷命
【ご利益】厄除け、子授け、安産

「鴻」とはコウノトリを指します。かつて神社一帯が「こうのす」という地名で呼ばれており、のちに「鴻巣」の字があてられました。そこから子宝をもたらすコウノトリの信仰が生まれたといいます。ご縁を司るのは、境内の三狐（さんこ）稲荷神社に祀られている天狐・地狐・人狐の3柱。悪い人間関係や癖を断ち、恋愛や結婚などの良いご縁をつないでくださいます。

白山比咩（しらやまひめ）神社

円満に縁を切ってくれる日本最初の仲裁神

【住所】〒920-2114 石川県白山市三宮町ニ105-1
北陸鉄道石川線「鶴来駅」から加賀白山バスで約 5 分、「一の宮バス停」で下車
【ご祭神】白山比咩大神＝菊理媛尊
【ご利益】五穀豊穣、大漁満足、商売繁盛

全国に3000社ある白山神社の総本山で、冒頭でご紹介した神話（P8）に登場する菊理媛尊（くくりひめのみこと）を祀っています。名前の「くくり」は「括る」。「縁を括る」という縁結びと、「関係を締め括る」という縁切りの二重の意味があります。伊弉諾尊（いざなぎのみこと）と伊弉冉尊（いざなみのみこと）の日本初の夫婦喧嘩を仲裁したように、双方にとって締め括りをもたらし、次のご縁を結んでくれます。

市比賣神社

5人の女神様が 女性の災難を退ける

【住所】〒600-8119 京都市下京区河原町五条下ル一筋目西入ル
地下鉄烏丸線「五条駅」より徒歩10分
【ご祭神】多紀理比売命、市寸嶋比売命、多岐都比売命、神大市比売命、下光比売命
【ご利益】良縁、子授け、安産、女人厄除け

5柱のご祭神がすべて女神であることから、女性の悩みに加護をもたらすと篤い信仰を集めています。平安時代には女人厄除け祈禱が盛んでした。

現在は「女人厄除まつり」を毎年節分前後に執り行います。参加する女性たちは華やかな晴れ着に身を包み、神社の本殿で祈禱を受けたあと、五条大橋の上から鴨川に豆をまき、身につきまとう邪な気を祓います。

野宮神社

古来の清めの場所で 悩める恋愛に区切りを

【住所】〒616-8393 京都市右京区嵯峨野宮町1
京福電鉄嵐山本線「嵐山駅」より徒歩6分
【ご祭神】野宮大神(＝天照皇大神)
【ご利益】縁結び、子宝、安産、学業成就

野宮神社は斎王※が伊勢に入る前に滞在し、俗世の汚れを清めた特別な場所でした。『源氏物語』では、六条御息所が野宮神社に身を寄せ、歯止めがきかない恋心を断ち切りました。

どうにもならない恋愛に苦しんでいる方は、本殿左側にある「禊祓清浄御祈願」へ。そこを司る野宮大黒天は縁結びももたらすので、次の素敵な恋愛への手助けをしてくれます。

※斎王…天皇の代わりに伊勢神宮に仕える未婚の皇女や女王のこと。

橋姫神社

丑の刻参りのルーツは鬼になってしまった姫

【住所】〒611-0021 京都府宇治市宇治蓮華47
JR奈良線「宇治駅」より徒歩約8分
【ご祭神】瀬織津比咩尊
【ご利益】縁切り

ご祭神の瀬織津比咩尊はここでは通称・橋姫と呼ばれています。

伝承によると、橋姫は浮気した夫を恨み、貴船神社（P14）に願掛けをしたのち、生きながら鬼と化して裏切った夫と相手を呪ったといいます。この時の鉄輪を頭に乗せた様相が丑の刻参りイメージへと発展しました。今では同じように浮気や不倫で苦しむ女性に縁切りのご利益をもたらします。

鴫野神社（生國魂神社末社）

戦国時代を強く生きた淀姫に恋愛での勝利を願う

【住所】〒543-0071 大阪市天王寺区生玉町13-9
地下鉄谷町線「谷町九丁目駅」より徒歩3分
【ご祭神】市寸島比売命、大宮売神、淀姫神
【ご利益】心願成就、縁結び、悪縁切り

鴫野神社に祀られるのは、戦国時代、関白・豊臣秀吉の世継ぎを産んだ淀姫です。絵馬には心に錠前をかけるモチーフの絵が描かれており、年齢、干支、性別を書いて奉納すれば縁切り、縁結び両方のご利益を得られます。正面の小屋では、「崖縁占」も受けられます。

恋愛に勝負をかけたい方にオススメの神社です。

田中神社（佐太神社末社）

姉妹の力で恋愛の悩みを解決

【住所】〒690-0331 島根県松江市鹿島町佐陀宮内73
JR「松江駅」より一畑バス恵曇方面行きで約25分「佐太神社前」下車すぐ
【ご祭神】木花開耶姫命、磐長姫命
【ご利益】開運、招福

出雲国二ノ宮・佐太神社から東へ100mほど離れた飛び地に鎮座している田中神社。東社と西社の2つの社が背を向けあっています。

佐太神社の方角を向く西社には縁を結ぶ木花開耶姫命を、東社には縁を切る磐長姫命を祀っています。磐長姫命は人々の幸せを願い縁結びをもたらすこともありますが（P16）、悪縁に苦しむ人も救ってくれるのです。

敏馬神社

相手に砂を食べさせる少し怖い縁切り

【住所】〒657-0845 兵庫県神戸市灘区岩屋中町4-1-8
阪神電鉄「岩屋駅」より徒歩5分
【ご祭神】素戔嗚命
【ご利益】悪縁解除、航海安全

古くから航海安全の信仰を集めてきた神社。江戸時代、周辺が芝居小屋や遊郭が立ち並ぶ繁華街で色恋沙汰が多かったためか、いつの頃からか神社で祈禱をした砂を縁切りしたい相手の食事に混ぜて食べさせると、縁が切れるというまじないが広まりました。

電車を乗りついで15分ほどの場所にある生田神社は縁結びのご利益があるので、セットで参拝するのがオススメ。

第2章

「仕事運」アップ神社

他人からコトバの暴力を
毎日
投げつけ
られる
ココロに負う傷は計り知れない
パワハラ上司と
縁を切りたいんです
相談者
えり子さん（40歳）

毎日暴言で
ココロが
折れそうです
でもコドモがいるので
仕事やめられないし
もう
神だのみしか――
とにかく
神社に
行きましょう
今回お参りするのは
「あんばさま」こと
大杉神社
あんばさま？
奉

三輪明神は
倭大物主櫛𤭖玉大神
といい
そのまま
大杉神社の
ご祭神になる

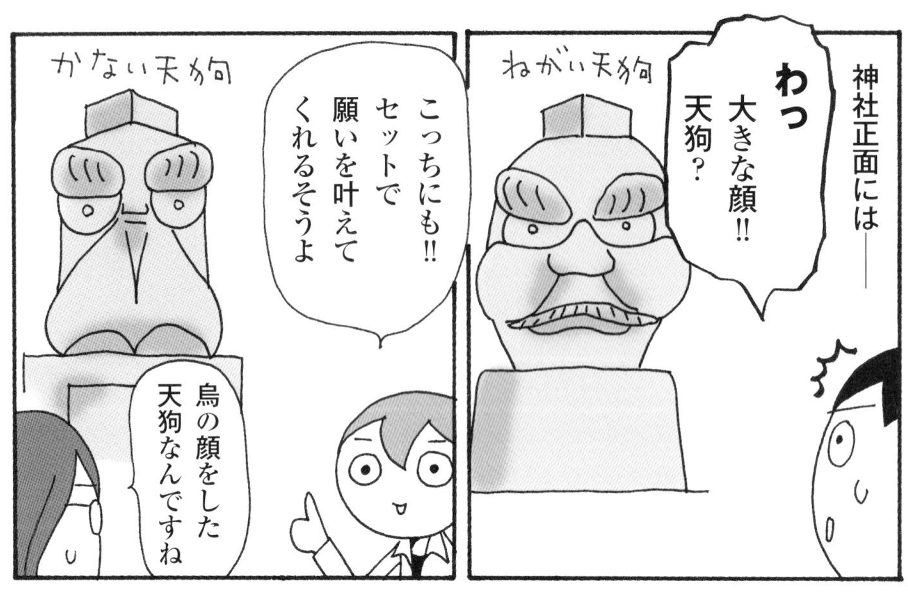
神社正面には――
わっ
大きな顔!!
天狗?
ねがい天狗
こっちにも!!
セットで
願いを叶えて
くれるそうよ
かない天狗
鳥の顔をした
天狗なんですね

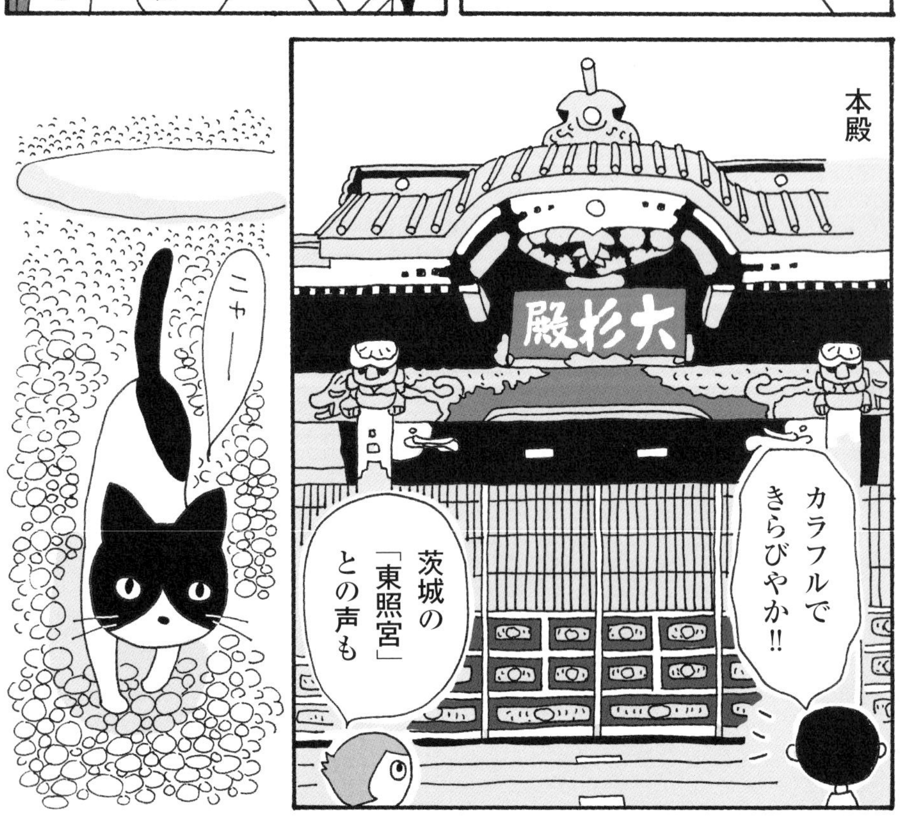
本殿
大杉殿
カラフルで
きらびやか!!
茨城の
「東照宮」
との声も
ニャー

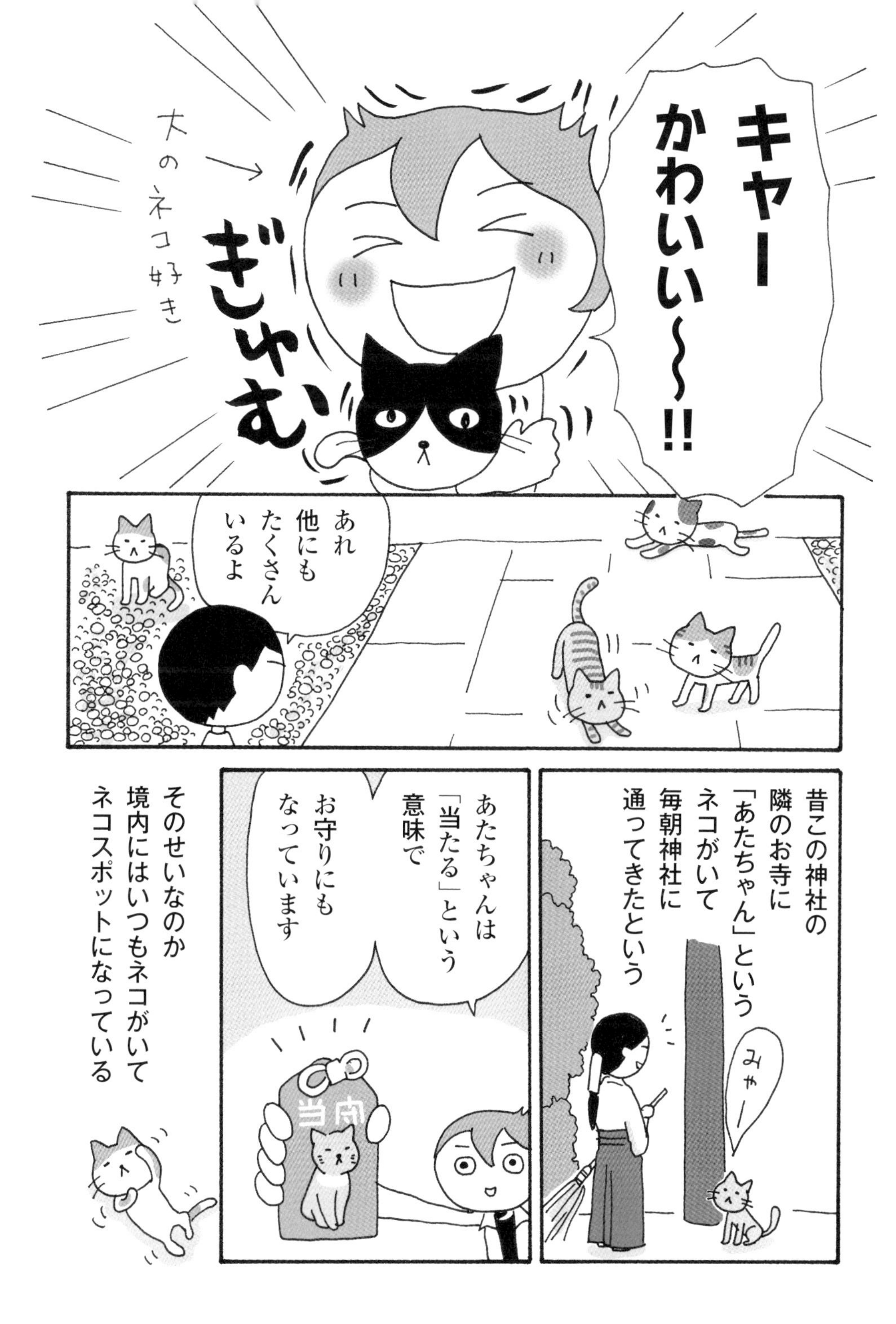
キャーかわいい〜〜!!
ぎゅむ
大のネコ好き
あれ他にもたくさんいるよ
昔この神社の隣のお寺に「あたちゃん」というネコがいて毎朝神社に通ってきたという
みゃー
あたちゃんは「当たる」という意味でお守りにもなっています
当肉
そのせいなのか境内にはいつもネコがいてネコスポットになっている

えり子さんも触ってみますか？
ニャ
はい…あ…
なつかしー！昔ネコ飼ってました
何だろ…何かを思い出す…
ニャー
だ
あっごめんなさい
昔はよかったなと思って
よっぽど今がつらいんだね
境内には厄除けの「なで桃」などがあり
えり子さんなでてなでて
ぼー
つるつるだ
そしてこっちが

悪縁切りの斎庭(ゆにわ)
えり子さん
ココロの準備は
いいですか?
この土器(かわらけ)を
叩き割って
斎庭に
まきます
小皿ぐらいの
大きさ↓
粉々になった
土器
↓
その前に──

ココロの中で呪言（おまじない）を三度唱える

われおもふ
きみのこころははなれつる
われもおもはじ きみもおもはじ

われおもふ
きみのこころははなれつる
われもおもはじ きみもおもはじ

われおもふ
きみのこころははなれつる
われもおもはじ きみもおもはじ

いるだけで場が暗くなるんだよ!
こんなこともできないの?
何度いえばわかるんだ!
お前よくこんな仕事できるな!
もう帰れ!! その顔見せるな!!
コドモが熱? またかよ
給料ドロボー! お前に払うのがもったいない
仕事しなくていいよ
これを全部やっておけ!! 終わらなかったらどうなるかわかってんだろうな
ぐっ
ひゅっ
だ――――

パーンッ
……
?
ぐっ

私
会社に全てを話して——
会社をやめようと
思います
ネコが——
あんなに
あたたかいなんて
忘れてました
ネコを飼ってたころの
私は明るくて
開放的だった
今の縮こまった
自分のココロを
解放してあげたい
んです
ニャ〜

ククリヒメから
えり子さんへの
コトバ

「やめちゃえ！」

ふくもの隊

上大岡トメ様、エビスゆう様

先日は大変お世話になりました。

あの日、ささやかれた言葉で吹っ切れ、
あれからすぐに会社に上司のパワハラを話しました。
退職願を出すつもりでいたのですが、なんと！
他にも同じような目にあっている社員が数名いたらしく、
会社でも問題になっていました。
その上司は、厳重注意のうえ、部署異動になりそうです。

おふたりに相談しなければ、
未だに暗闇の中でもがいていたかもしれません。
勇気を持って一歩踏み出したことで、状況を打破できました。
これからは、ひとりで悩まず、周りの人の助けも借りて
仕事と家庭の両立を目指していきます。

あっ、今、うちには保護猫がいます。今度遊びにきてくださいね。

えり子

近年世界中から観光客が訪れる伏見稲荷大社
外国人ばっかり
境内にはたくさんのキツネがいる
カギ
いろんなものをくわえている
稲穂
妙に筋骨隆々
しかし――
キツネは神様ではない!!
お祀りされている神様は稲荷神(いなりしん)＝ウカノミタマ穀物の神様
キツネは「神使(しんし)」と呼ばれる神様のお使い
これお願い
イエッサー
でも今日は裏の稲荷山にある「眼力社」が目的地
なんでも手水舎が変わっててキツネの口から水が出てくるんだって
オエー

あっ
すみませーん！
遅くなりました
バタバタ
今回の相談者さやかさん（47歳）
勘違いして1つ前のバス停で降りちゃって
経理の仕事を長年していて
このたびファイナンシャル・プランナーとして起業 バツイチ
とにかくいったん縁を整理したいんです
新しい仕事を始めるし
縁の整理
お金の整理…
さっそく出発しましょう
ちょっと歩くみたいだけど――
本殿にお参りをした後
そのまま稲荷山へ
千本鳥居
くぐるのに列ができてる
奥社を抜けて
おもかる石
その先は――
キツネの顔の絵馬

鳥居をくぐりながら
ひたすら山を登る
鳥居を
ここまで運ぶのも
大変だな…
ふもとから
歩くこと
20分——
さやかさん
大丈夫ですか？
はい〜
なんとか
人もだいぶ
減ってきた
ん？
あれ
キツネの手水舎!?

きっとここですよ!!眼力社!!
えっでも口から水出てないですよ
キツネのようにも見える
今日は出ない日なんですよ
さやかさんなぜそんなにキッパリと言えるの?
近くの茶店で聞いてみる——
ここじゃないです
あと歩いて15分ぐらいって
えっ!!
みたらし団子
ちなみにここは「三徳社」
さらに山を登る
わー景色がキレイー
さやかさんがんばって!
大丈夫です
ぜー
あっあれは!?
遠くからでもハッキリわかる!!

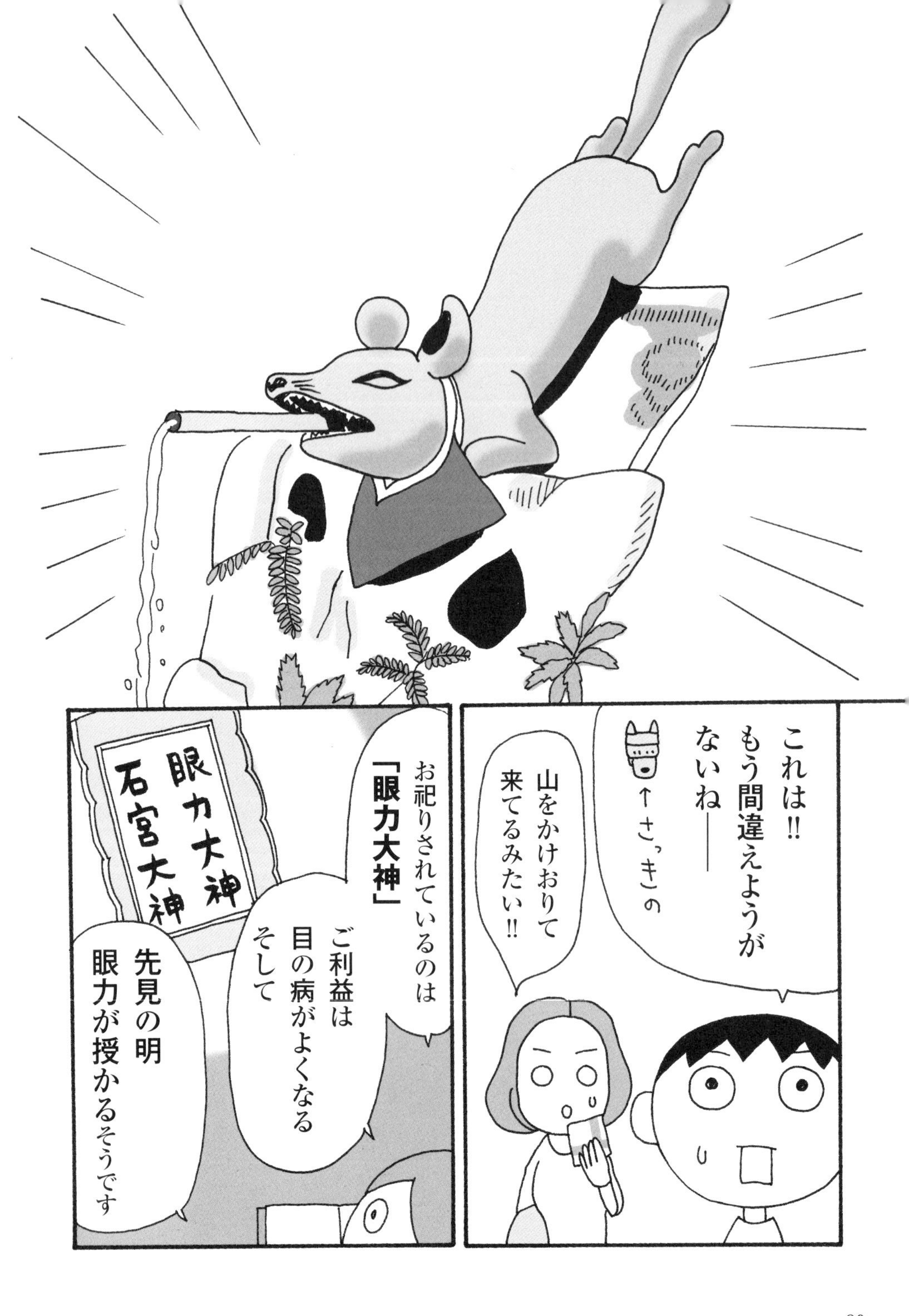
これは!!
もう間違えようがないね――
↑さっきの
山をかけおりて来てるみたい!!
お祀りされているのは「眼力大神」
眼力大神
石宮大神
ご利益は目の病がよくなるそして
先見の明眼力が授かるそうです

柱にたくさん名刺が貼りつけてある
神神
ということで「眼力」を祈願
納 奉
いいクライアントさんを見つけられますように
この本が多くの人の目につきますように
おもしろいネタがたくさん見つかりますように
会社の経営者っぽい名刺ばっかり
金融関係者も
「眼力」を求めてかー
……
!?
ぶわっ
エビスさん何か言いました?
いえ? 何にも
ところでおみくじひきませんか?

※ねぎごと…【祈ぎ事】祈り事。
※みさとし…【御諭し】ご神託。

山を下りる途中
ながめのいい茶店で
昼ごはん
たくさん
歩いたねー
おなか
へったー
何だかスッキリ
しました
たくさんの鳥居を
くぐったから
いただきまーす
余分なものも落ちて
悪縁も切れたんだと
思います
前夫を選んだのも
眼力がなくて早トチリ
からかなー
あせらず
新しい出会いを
待ちます
チャンスを見極めたら
あのフットワークが軽そうな
キツネのように
猛ダッシュ!!

「よく見て」

トメさん、ゆうさん

この間は、取材に同行させていただき、
ありがとうございました。
縁の整理、お金の整理にとても役立っています。

お金を扱う仕事でもあり、
慎重になることが大切だと改めて考えたことで、
ミスもなくなりました。
そして前の旦那との関係を引きずっていたのをスッキリさせたくて、
連絡先の整理をしていたら、久しぶりに会いたいと思う人がいて、
連絡を取り合うようになりました。
プライベートも仕事も共に一緒に歩いていける
いいパートナーになれそうです！

でも、おみくじでも出た「せいては事を仕損ずる」
これを肝に銘じて、ゆっくりとあせらず、
「しっかりと見て」いきたいです。

さやか

「我」「君」「念」の字が書かれた土器(上)。境内にはたくさんの猫が。社務所には猫のお守りも置かれています(右)。

大杉神社

土器(かわらけ)を割って悪縁ときっぱりさようなら

霞ヶ浦から3㎞ほど離れた山中に豪奢な社殿をもつ大杉神社が鎮座しています。ここでは他に類をみない縁切りの作法が行われています。

まず社務所で悪縁切りの土器という素焼きの土器を手に入れます。次に、

われおもふ
きみのこころははなれつる
われもおもはじ きみもおもはじ

という呪言を心の中で三度唱えて叩き割ります。本殿の向かって左側にある斎庭(ゆにわ)にまいたら縁切り成就です。

大杉とは文字通り杉の巨木のこと。いまでも樹齢1000年を超えるご神木が境内にそびえています。かつてこの常陸(ひたち)の一帯には霞ヶ浦周辺の沼や河川を内包する湾がありました。ご神木である巨大杉は湾に向かって突き出した陸の先にそびえていたそう。自然とともに暮らしていた人々にとっては、方角を表す貴重な指標であり、一帯の信仰を集めるようになりました。『常陸風土記』には「安婆嶋」と記録されていて、それが転じて今では「あんばさま」と呼ばれています。

【住所】〒300-0621 茨城県稲敷市阿波958番地
土日はJR「下総神埼駅」前より直行バスが運行
【ご祭神】倭大物主櫛甕玉大神
【ご利益】縁結び、悪縁切り、金運、仕事運など

眼力社（伏見稲荷大社内）

経営者にうれしい「先見の明」を授かれる神社

奉納された赤鳥居は境内全体では1万基にも及ぶそう（上）。お社にロウソクを灯して祈願します（左）。

京都駅の南、稲荷山に鎮座するのは、赤い千本鳥居でお馴染み、全国に3万社ある稲荷神社の総本宮である伏見稲荷大社です。標高233mの山全体に神蹟が点在しており、その面積は甲子園球場の約22倍。麓から山頂の一ノ峰（上社神蹟）までは歩いて巡拝すると約2時間かかるといいます。

眼力社は、そんな伏見稲荷大社中腹にある「四ツ辻」から「御膳谷奉拝所」へ向かう途中に現れます。本殿からは、徒歩で約30分の道のりです。

手水舎の上にいるスライディングしているような格好のキツネがトレードマークのこの神社。社名の「眼力」にちなんで目の病を治していただけるほか、仕事において重要な「先見の明」を授けてくださいます。そのため会社の経営者や、投資家など先を読む職業の方々の篤い信仰を集めています。また、眼力が「願力」に転じ、願いを叶える力を強めるご利益もあるのだとか。

商売繁盛で有名な伏見稲荷大社ですが、さらに強力な先見の明を得たいという方にオススメです。

【住所】〒612-0882 京都市伏見区稲荷山官有地19
伏見稲荷大社の麓まではJR奈良線「稲荷駅」より徒歩2分、または京阪本線「伏見稲荷駅」より徒歩5分、麓からは徒歩30分
【ご祭神】眼力大神、石宮大神
【ご利益】目の病の回復、先見の明

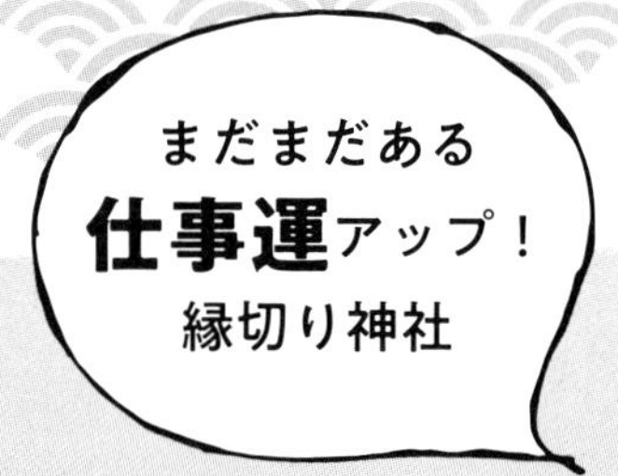

厳嶋神社・抜弁天

いつくしま　ぬけべんてん

神社を通り抜ければ苦難も切り抜けられる

【住所】〒162-0055 東京都新宿区余丁町 8-5
都営大江戸線「若松河田駅」より徒歩 10 分
【ご祭神】市杵島姫命
【ご利益】苦難の切り抜け

新宿のビル街の間に静かに佇む神社。2本の道路に挟まれた三角地にある境内の中を参道が南北に走り、通り抜けられるようになっています。この地形が「(苦難を)切り抜ける」へと転じ、「抜弁天」の名で人々に親しまれるようになりました。

平安時代には源義家が戦の前にここに参拝後、困難な戦いを切り抜けたという逸話も残っています。

築地・波除神社

なみよけ

江戸商人の災いを退けてきた

【住所】〒104-0045 東京都中央区築地6-20-37
東京メトロ日比谷線「築地駅」より徒歩7分、
都営大江戸線「築地市場駅」より徒歩5分
【ご祭神】倉稲魂命
【ご利益】厄除祈願、商売繁盛

江戸時代、海だった築地一帯を埋め立てする際、度重なる波（＝災難）に工事を妨げられていました。ある日、海を漂っていたご神体を祀ったところ、波がピタリと収まります。以来「災難を除き、波を乗り切る」神社として商人たちに信仰されてきました。

２０１８（平成30）年、築地市場は豊洲に移転しましたが、今も商売に携わる人々を災難から守っています。

宝満宮 竈門神社

新しい船出に良縁を引き寄せる

【住所】〒818-0115 福岡県太宰府市内山883
西鉄電車「太宰府駅」からコミュニティバス「まほろば号」で10分
【ご祭神】玉依姫命
【ご利益】方除け、厄除け、縁結び

古くは国の防衛線・大宰府の鬼門除けだった神社です。国家の祭祀にとどまらず、大陸を行き来する人々が出発前に方除けと厄除けを祈願してきました。現在でも、行く先を遮る悪縁を取り除いてくれると多くの人が訪れます。

ご祭神の玉依姫命は、魂（＝玉）を引き寄せる（＝依）縁結びの神様。友人、仕事などの広い人間関係の良縁を結んでくれます。

橋場のばんば

切れぬ縁には新品のハサミ 良縁を切らないようご注意

【住所】〒967-0521　福島県会津郡檜枝岐村居平
会津鉄道・野岩鉄道「会津高原尾瀬口駅」からバスで約70分
【ご祭神】橋場のばんばさま
【ご利益】縁切り、縁結び

村歌舞伎で有名な鎮守神社へ向かう山道に、おばあさん（＝ばんば）の形をした石像があります。もともとは橋のたもとにあり、子供を水難から守る神様として祀られていましたが、やがて縁切り・縁結びの神様として地域を見守る存在になりました。縁切りを祈願するときは新しいハサミを、今ある良縁を大切にしたい場合は、それが切れないよう錆びたハサミを供えます。

日枝(ひえ)神社

お猿で魔を去らせて仕事で勝る

【住所】〒100-0014 東京都千代田区永田町2-10-5
東京メトロ千代田線「赤坂駅」出口２より徒歩３分
【ご祭神】大山咋神
【ご利益】商売繁盛、社運隆昌

日枝神社は、日本経済の中心地に鎮座しているため、多くのビジネスマンが商売繁盛、社運隆昌を願って参拝します。ご祭神の大山咋神(おおやまくいのかみ)が山の神様であることから、狛犬ではなく猿の神像が置かれています。

猿は、「サル」の訓読みから「勝る」「魔が去る」などの勝運・魔除けのご利益、「エン」の音読みから商売における良縁をもたらしてくれます。

円珠庵鎌八幡

無数の鎌は縁切りの証

【住所】〒543-0018 大阪市天王寺区空清町4-2
JR 環状線「玉造駅」より徒歩約 15 分
【ご本尊】鎌八幡大菩薩
【ご利益】縁切り、病根断ち、心願成就

鎌を木の幹に打ち込む縁切りは各地にあり、ここ鎌八幡のご神木にもまた無数の鎌が刺さっています。戦国時代、真田幸村が鎌を打ちつけて祈願したところ、見事戦に勝利したという逸話も残るほどご神徳が強い神社です。

今でも鎌を打ち込む縁切りの特別祈禱が行えますが、事前申し込み必須。小さな鎌の形をしたお守りもあるので、身につければご利益にあずかれます。

熊野速玉社（くまのはやたま）
（本牧神社末社）

榎が結ぶご縁
縁日には祈禱も

【住所】〒231-0827　神奈川県横浜市中区本牧和田19
JR根岸線「根岸駅」よりバス10分、「三の谷バス停」で下車し徒歩3分
【ご祭神】熊野速玉大神、熊野夫須美大神
【ご利益】縁結び

熊野速玉社の隣にそびえる大きな榎のご神木は、その名も「えんのき（＝縁の木）」。ご祭神の熊野速玉大神は、伊弉諾尊（いざなぎのみこと）が妻である伊邪那美尊（いざなみのみこと）を振り払ったときに生まれた「悪しき縁（えにし）を断ち、穢れを祓う」神様で、良縁にめぐり合わせるご神徳があります。

5（＝ご）と0（＝えん）のつく毎月5日、10日、15日、20日、25日、30日には良縁結び祈禱を行います。

最上稲荷（さいじょう）

神仏習合の
名残をとどめるお寺

【住所】〒701-1331　岡山市北区高松稲荷712
JR吉備線「備中高松駅」下車、タクシーで5分
【ご祭神】最上位経王大菩薩
【ご利益】五穀豊穣、商売繁盛、開運

正式にはお寺ですが、「稲荷」とある通り、神仏習合の因習を色濃く残しています。旧本殿の周りには、人々の願いに応えるように七十七末社が建てられています。

その中の「縁の末社」が縁を切ってくださる離別天王と、縁を結んでくださる縁引天王です。双方セットの「両参り」をすることで、良縁を結ぶ前に悪い縁をきれいに断ち切ってくれます。

第3章

「健康運」アップ神社

近鉄奈良線　石切駅
石切駅
ISHIKIRI STATION
駅静かな…
あ！
あの人？
エビスさんですね？
初めまして
みさです
今日の相談者
みささん　32歳
会社員
私運動が大キライで
でも食べ歩きが好き
そうしたらどんどん
太っちゃって
ますます
動くのがおっくう
でも食べるの
やめられない
生理痛が
仕事にさしつかえるほど
ひどいので
病院に行ったら
べらべら
べらべら
子宮に
筋腫が
あるって!!
私こわくって
大きくなったら
手術してとらなくては
いけないかも
それ以来
病院に行ってないんです!!
体調悪いと
何もする気に
なれなくて…
とりあえず
お参りに行こう

レトロな商店街のアーケードを通って
さんへ
ずーっと下り坂!!
ぜーっぜーっ
これって帰りは上るってことですよね!?
そうなるねー
占
占
占
占いのお店?
なんか今まで行った神社の参道と
雰囲気が違う?
腰が痛いんですけど
ぜーっぜーっ
まだ下るんですか?
あと少しだと思うよ
そんなに歩いてないし
駅から歩くこと約10分
やっと着きました
休みたい…
ぜーっ
ここだ!
でもこっち裏門だね
何だか空気が強い
表にまわろう
あ!

百度石
お百度参りだ
お百度参り？
テレビの時代劇やドラマで見たことあるけど
初めて実際にやってるところ見た…
鳥居をくぐって強い気を感じたのはこのせい？
あ！
あの屋根の上何ですか？

※社家…代々、神社の神職を世襲している家のこと。

石切劔箭神社にお参りに来る人はガンの患者さんが多いそうです
100回もつらくないの？
すごい…
あー終わったー
今日も全部お参りできてよかったー
あのー失礼ですが何かご病気ですか？
私がガンなんです
太阪から来ました
息子ですおばもガンです
今や2人に1人はガンになる時代お百度参りをしているほとんどの人がガンですよ
でもやられるわけにはいかない
お百度参りはウォーキングみたいにスッキリしますよ

お大事に！
なんで
なんで
あの人たち
あんなに
明るいの？
深刻な
病気なのに
それは
やれることを
やってるから
じゃないかな
何もしない
動かないほうが
かえってつらいと思うよ
動かないことが
つらい…!?
ぶわっ
また？
……
……
私――

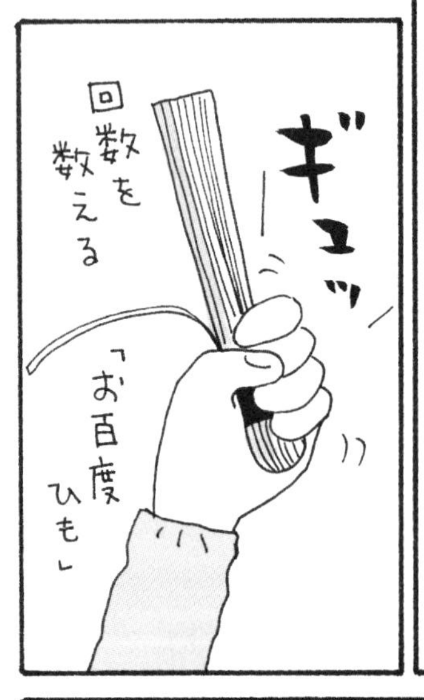

※みささんは
100回ではなく
自分の年齢と
決めてトライ

ゆーっくり
時間をかけて
お参りを
終えました

※必ず100回でなくても、お参りできる数でよい。

ずーっとうつむき加減だった
みささんが
初めて笑いました
参道の茶店にて
わぁ
作りたて!!
ウォーキング
始めよう
かなー
食べすぎにも
気をつけ
たいです
体調不良と
縁が切れる
かもね
スウィート
ポテト
みたらし
団子
「生きる」を
強く感じる
神社だった
より真剣な
信仰
湯気を見るとなんだか
ほっとする
でも
おいしいから
もう1本~
あっ
おいっ

ククリヒメから
みささんへの
コトバ

「カラダを動かせば
運も動くのよ」

ふくもの隊

トメさま、エビスゆうさま

先日はお忙しいところ、石切劔箭神社へ同行いただき

ありがとうございました。

あの日から、できるだけ体を動かすようになりました。

週に1回ですが、ヨガ教室にも通い始めました。

今までのようにダラダラと食べていたときより動いた後のご飯がおいしく、

日頃もお腹が減らないときは食べない！ ようにしています。

そのせいか、少しずつ体重も減っています（まだまだ丸いですが）。

婦人科にも勇気を出して行ってきました。

大きくはなってなくてホッとしました。

心配事が減ったからなのか、ヨガのおかげなのか生理痛も少し和らぎました。

やっぱり日頃の生活習慣は大切だと感じています。

石切劔箭神社で聞いた不思議な声、

「カラダを動かせば運も動くのよ」

これからもこの言葉を大切に、まずは動いてみようと思っています。

みさ

奈良時代 和気清麻呂（わけのきよまろ）という
人格者がいました
清麻呂は当時法王となっていた僧
道鏡の野望をくじきました

道鏡は逆ギレ
道鏡→
清麻呂を
流罪にします

流罪になる途中
清麻呂は
宇佐八幡宮に
立ち寄ろうと
するものの
道鏡の刺客に
ねらわれます
するとどこからともなく
イノシシが現れました
その数３００頭余り
宇佐八幡宮まで無事
清麻呂を送り届けたのでした

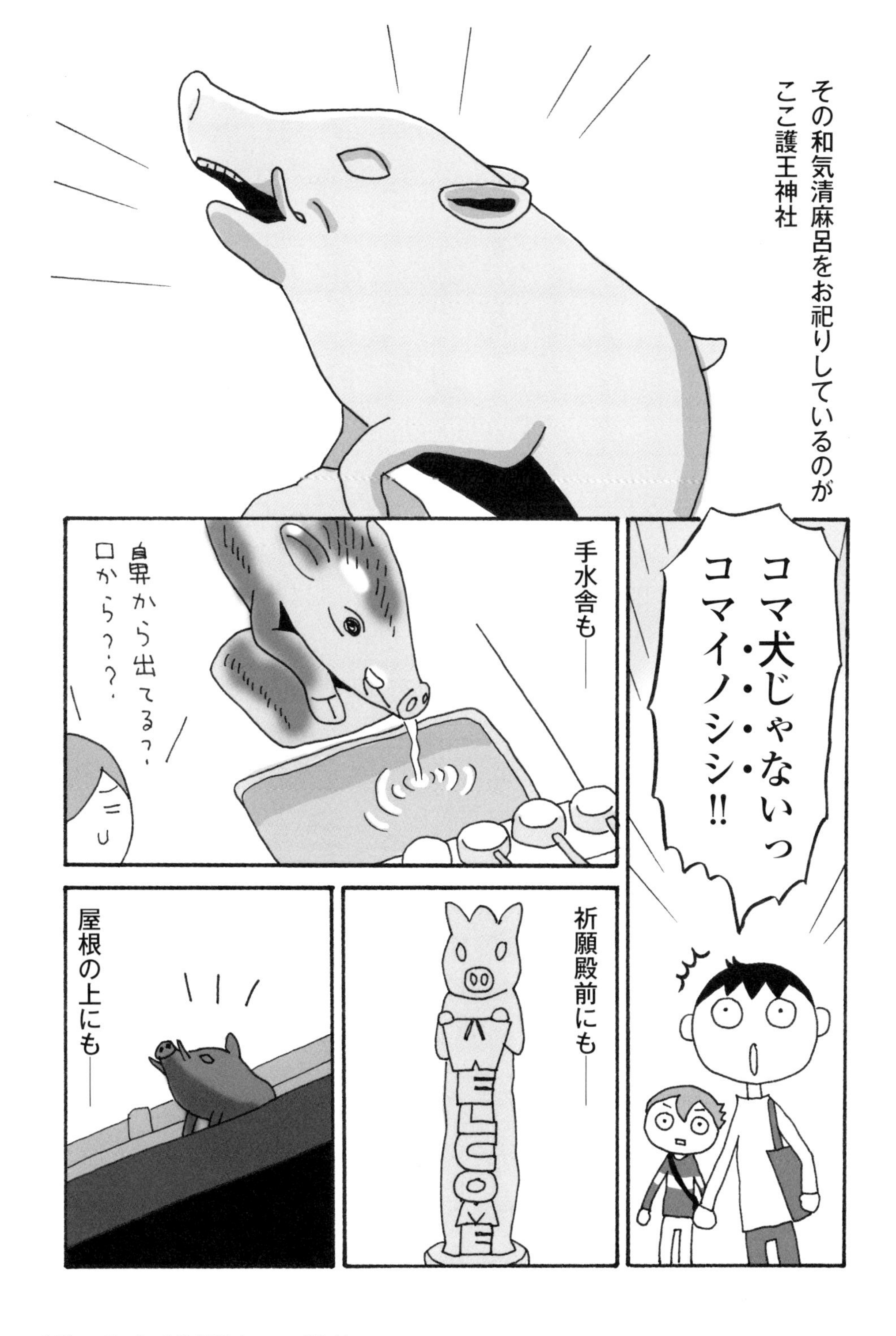
その和気清麻呂をお祀りしているのが
ここ護王神社
コマ犬じゃないっ
・・・・
コマイノシシ!!
手水舎も――
鼻から出てる？
口から？・？・
祈願殿前にも――
WELCOME
屋根の上にも――

なんと境内にざっと
4000頭の
イノシシがいる
イノシシ神社
足腰御守
でっかいお守り

宮司さんもイノシシ
だったりして!!
※ちゃんと人間です
なんでイノシシ＝足腰に
いいの？
清麻呂は
流罪になったとき
道鏡に
脚の腱を切られて
立ち上がることも
できなくなって
しまった
道鏡
ひど〜い
しかしイノシシたちに
守られて宇佐八幡宮に
着くと
!!
脚が治っている!!
それで
「足腰のトラブルと
縁が切れる」という
ご利益なんだって

まずは本殿にお参り
境内には足腰のトラブルから
縁を切るための
さまざまなものが

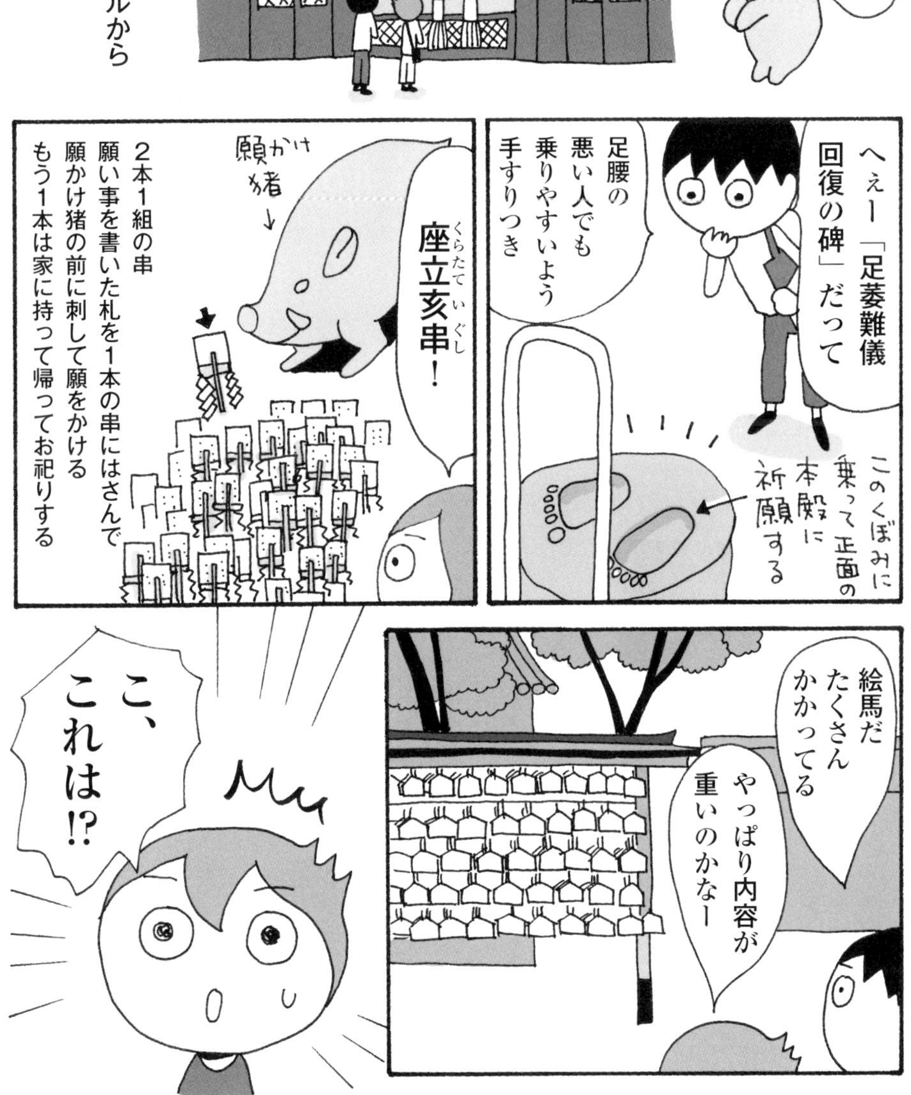
へぇー「足萎難儀
回復の碑」だって
足腰の
悪い人でも
乗りやすいよう
手すりつき
このくぼみに
乗って正面の
本殿に
祈願する
願かけ
猪
座立亥串(くらたていぐし)！
2本1組の串
願い事を書いた札を1本の串にはさんで
願かけ猪の前に刺して願をかける
もう1本は家に持って帰ってお祀りする
絵馬だ
たくさん
かかってる
やっぱり内容が
重いのかなー
こ、
これは⁉

見てこれ!!
おばあちゃんのあしがはやくよくなりますようにまたりょこうしたい…
努力忘れずに!
全員ケガをしないようお守り下さい!!
○○高校ラグビー部
パパの水虫がなおりますように
…
しんちゃんのケガが完全に治って再びアメフトができますように… ありさ
おかあさんの腰痛がよくなりますよう
自分のことじゃなくて人のことばっかりお願いしてるっ
おとうさんの脚の手術がうまくいきますように
○○くんが足首のケガが治って全力で走れますように
羽生選手の脚のケガが治りますように
今まで行った神社は恨みつらみの絵馬ばかりだった
人間の多面性おそるべし!
ぎちぎち
絵馬
ピーーーン…

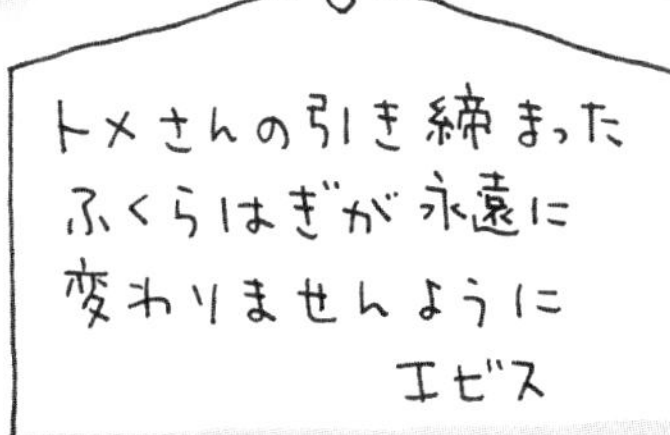

ほめあえばさらにご利益があると信じるふたり

フフフ

石切劔箭神社（いしきりつるぎや）

剣と矢のような神威で体を脅かす病気を断ち切る

本殿へ続く絵馬殿。屋根の上には、「剣」と「矢」をかたどった飾りがあしらわれています。

奈良県と大阪府の県境にある生駒山。この山の麓に鎮座している石切劔箭神社は、腫れ物の病気、特にガンを治す「石切さん」「でんぼの神さん」として全国から多くの参拝者が訪れます。

「劔」と「箭」は神威の象徴です。ご祭神の饒速日尊（にぎはやひのみこと）は「八握剣（やつかのつるぎ）」という十種神宝（とくさのかんだから）のひとつを天照大神から授かりました。初代天皇である神武天皇は大和統一へ向けて高千穂（九州）から東へ遠征した時、熊野（和歌山県）で先住民勢力に挟まれ、あわや全滅という危機に陥ってしまいます。その時、味方から「フツノミタマの剣」がもたらされると、たちまち敵が倒れ窮地を救ったといいます。

神武東征以前、饒速日尊は、天照大神から十種神宝を授かったあと、未開だった生駒山に天降（あまくだ）ります。当時この地を治めていたのは、長髄彦（ながすねひこ）率いる一族。戦を好む一族でしたが、饒速日尊がもたらした文化に敬意を払い、長髄彦の妹・登美夜毘売（とみやひめ）と饒速日尊との結婚を認めます。

それから時がくだって神武東征の時。饒速日尊は既にこの世を去り、登美夜

【住所】〒579-8011　大阪府東大阪市東石切町1丁目1-1
近鉄けいはんな線「新石切駅」より徒歩7分
【ご祭神】饒速日尊、可美真手命
【ご利益】病気平癒、災難消除、厄除けほか

近鉄奈良線「石切駅」を降りると、賑やかな商店街が現れます。最寄りの近鉄けいはんな線「新石切駅」より神社へのアクセスが少し遠くなりますが、100以上のお店が軒を並べる賑やかな雰囲気がオススメです。

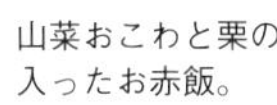

山菜おこわと栗の入ったお赤飯。

商店街の中には、占いの店もあります。

毘売との間に生まれた可美真手命が地域の長となっていました。ある日、突然現れた神武の軍に一族は騒然とします。しかし可美真手命は、高天原に属する神々であることの証である「天羽々矢」を示し、神武天皇と同じ天照大神の子孫であると証を立てて降伏しました。この功績がたたえられ可美真手命には「フツノミタマの剣」が授けられます。のちに可美真手命が父・饒速日尊を祀ったのが石切劔箭神社のはじまりです。

室町時代の戦火によって社殿が焼失してしまったため、正確な創建は定かではありません。しかし平安時代中期に編纂された『延喜式神名帳』に既に名前が載っていることから、古い時代に起源を持つことがうかがえます。

饒速日尊と可美真手命の子孫は、後世「物部氏」として皇族に仕えました。石切劔箭神社の社家・木積氏は物部氏の最有力氏族・穂積氏がルーツです。

石切劔箭神社が「でんぼの神さん」と呼ばれる由縁がこの木積氏の秘法にあります。秘法とは、一族の者にのみ伝わる「伝法」のこと。これが関西の方言で腫れ物を指す「でんぼ」と結びついて、木積氏に伝わる秘法ででんぼが治ると崇敬されるようになったのです。

護王神社

歴史的詐欺事件を解決したご祭神 かわいいイノシシは旅路の使者

表門には大きな足腰御守が掲げられています。

京都御所の西に社殿を構える護王神社。ご祭神は和気清麻呂公命（わけのきよまろこうのみこと）とその姉である和気広虫姫命（わけのひろむしひめのみこと）の2柱で、奈良時代から平安時代にかけて実在した人物です。

2柱が生きた当時、女帝・称徳天皇の寵愛を受け、権力を掌握していた道鏡という僧がいました。ある日、宇佐八幡宮（大分県）に「道鏡が天皇になれば、天下は太平になる」というご神託がもたらされます。本来、天皇は天皇家の血を継ぐ者しかなることができません。当然、当時の朝廷でも大騒ぎになり、ご神託が本物なのか、その真偽を確かめるために朝廷から派遣されたのが和気清麻呂でした。

宇佐八幡宮に到着した和気清麻呂は、「天皇の位は天皇の系統の者しかつくことができないので、そうでない者は速やかに排除しなさい」という新たなご神託を受けます。すぐさま都に帰りそれを報告しますが、道鏡が実権を握る朝廷では声をあげる者は誰一人いませんでした。孤立した和気清麻呂は、虚言の罪を着せられ、姉の和気広虫と共に流罪にされてしまいます。

【住所】〒602-8011 京都市上京区烏丸通下長者町下ル桜鶴円町385
市営地下鉄烏丸線「丸太町駅」より徒歩7分
【ご祭神】和気清麻呂公命、和気広虫姫命
【ご利益】足腰の健康、足腰の病気怪我平癒、厄除け、災難除け

手水舎でアクロバティックなポーズをとるイノシシ。

鳥居前のイノシシ像。

狛犬ではなく狛イノシシが拝殿を守っています。
他にも神社には至るところにイノシシの像があります。

和気清麻呂は道鏡によって脚の腱を切られた上に、刺客に襲いかかられ、道筋は困難を極めました。しかし、そこへ忽然（こつぜん）と現れたのが３００頭を超えるイノシシの大群。ふたりを守りながら道案内をはじめたのです。さらにその加護により、目的地に着く頃には、和気清麻呂の足の傷が歩けるほどに回復していたといいます。

姉の和気広虫もまた朝廷に仕えました。尼僧でもあり、法均尼とも言いました。死罪の判決を受けた人々の減刑を申し立てたり、戦争孤児80人余りを養子として育て上げたりと、大変慈悲深い人物だったと語り継がれています。

和気清麻呂を祀るかつての社は、高雄山神護寺（京都府）の境内に建てられていた清麻呂公の霊社でした。１８８６（明治19）年に明治天皇の勅命により現在の場所に遷され、その後、苦難を共にした和気広虫も一緒に祀られるようになります。

神社の表門をくぐると、いたるところにたくさんのイノシシ像がお出迎えしてくれます。多くが遷座後に崇敬者によって奉納されたものです。その数から、いかに人々の篤い信仰を受けてきたかがうかがえます。社務所の横には「猪コレクション」と題したありとあらゆるイノシシグッズの展示も。親しみを込めて「イノシシ神社」の名でも呼ばれます。

神場山神社（じんばやま）

人々が受け継いできた縁切りのハサミ

【住所】〒412-0047　静岡県御殿場市神場1138-1
JR御殿場駅より富士急行バスで30分、「神場中バス停」で下車、徒歩10分
【ご祭神】大山祇命
【ご利益】疫病断ち、悪縁切り

境内には、疫病や災厄の縁を断ち切ってくれる大小さまざまなハサミが奉納されています。病気にかかったときは境内からハサミを借りて枕の下に置いて回復を祈願し、全快した折にはひと回り大きいハサミを奉納するという風習がありました。

「厄切御守」という小さなハサミが入ったお守りを身につければ、いつでも神場山神社のご神徳を受けられます。

頭之宮四方神社（こうべのみやよも）

少し怖い？髑髏がもたらすありがたい加護

【住所】〒519-3111　三重県度会郡大紀町大内山3314-2
JR紀勢本線「大内山駅」より徒歩10分
【ご祭神】唐橋中将光盛卿
【ご利益】開運招福、厄除け、学力向上、頭の病気やケガ

ご神体は、なんとご祭神の髑髏（どくろ）だというこの神社。それが社名の由来でもあり、首から上の災難に強いご神徳がある由縁です。

本殿近くには「頭之水」というご神水が湧き出ています。これを飲むと頭がさえて賢くなることから「智恵の水」ともいいます。湧水近くの「頭之石」を体の悪い部分を思い浮かべながら撫でると、さらなるご利益があるとか。

伊太祁曽神社（いたきそ）

いのちを癒やすご神水
木の俣くぐって厄から逃れる

【住所】〒640-0361 和歌山市伊太祈曽 558
和歌山電鐵貴志川線「伊太祈曽駅」より徒歩5分
【ご祭神】五十猛命
【ご利益】厄難除け、病気平癒

紀伊国一之宮である歴史ある古社。
ご祭神の五十猛命（いたけるのみこと）は、『古事記』によると大国主命（おおくにぬしのみこと）の命を救ったことから、命を司り、厄を祓うとされてきました。
飲むと病気が治るとされる「いのちの水」はおいしい飲み水としても人気です。割拝殿には大国主命を追手から逃した故事をもとにした「厄難除け木の俣くぐり」が。くぐれば、悪いものを祓うご神徳にあずかれます。

柿本神社

桜の前で歌を詠んで
視力が回復

【住所】〒673-0877 兵庫県明石市人丸町1-26
山陽電鉄「人丸前駅」より徒歩5分
【ご祭神】柿本人麻呂公
【ご利益】病気平癒、学問・安産、火災除け、夫婦和合

『万葉集』の歌人・柿本人麻呂を祀っている神社です。
目の病気にご利益があると伝わるのが、境内にある「盲杖桜（もうじょうざくら）」。昔、筑紫（ちくし）の国（くに）からきた目の不自由な参拝者が「本当の神様なら、私にもその塚を見せてください」という歌を詠んだところ、たちまち視力が回復したといいます。
そして、不要になって奉納した杖が桜の木に生長し盲杖桜になりました。

井上社
（下鴨神社末社）

平安貴族も使った清らかな水

【住所】〒606-0807　京都市左京区下鴨泉川町59
叡山電鉄本線・京阪本線「出町柳駅」から徒歩12分
【ご祭神】瀬織津姫命
【ご利益】厄災抜除

社殿前の「御手洗池（みたらし）」は平安時代、貴族が病気になりやすい季節の変わり目に穢れを祓っていた神聖な場。

土用の丑の日には、「足つけ神事」を開催します。この日、御手洗池に足を浸すと疫病を退けてくれるといわれ、無病息災を願う人々で賑わいます。

また、この池の泡をかたどったのがみたらし団子の起源とも。土用丑の日前後は「みたらし祭」も催されます。

少彦名（すくなひこな）神社

薬の町に息づく日本に医療をもたらした神様

【住所】〒541-0045　大阪市中央区道修町2-1-8
大坂メトロ堺筋線「北浜駅」6番出口より徒歩5分
【ご祭神】少彦名命、神農炎帝
【ご利益】病気平癒、健康祈願、厄除祈願

少彦名は、海の向こうからやってきて日本に薬や医療をもたらした、いわば日本医療のパイオニア。

少彦名神社のある道修町（どしょうまち）は、江戸時代、100以上の薬問屋が軒を連ねた薬の町です。かつて大坂でコレラが蔓延（まんえん）した際に「張子の虎」を人々に無償で配ったところ、病気が収まったといいます。張子の虎は今でも家内安全、無病息災の授与品として人気です。

歯神社
（綱敷天神社末社）

歯の災難に歯止めを

【住所】〒530-0017 大阪市北区角田町 2-8
阪急電鉄「梅田駅」より徒歩３分
【ご祭神】歯神大神（宇賀御魂神）
【ご利益】歯痛鎮静、健歯護持、歯業成就、歯止祈願

読んで字の如く、歯のトラブルにご利益があります。昔洪水が地域一帯を襲った際、ご神体の巨石が水難に「歯止め」をかけたのがはじまり。やがて歯の痛みを止めて、歯にまつわる災難を除けるという意味に転じました。

毎年６月４日は古い歯ブラシを奉納し、新しい歯ブラシを授与する例大祭を開催。普段は無人ですが、歯神社御守は綱敷天神社で手に入ります。

稲荷鬼王神社

湿疹、腫れ物、夜泣きも収まる豆腐の力

【住所】〒160-0021　東京都新宿区歌舞伎町 2-17-5
都営大江戸線・東京メトロ副都心線「東新宿駅」より徒歩３分
【ご祭神】宇賀能御魂命、鬼王権現
【ご利益】病気平癒

江戸時代より、稲荷鬼王神社に豆腐を供えると湿疹や腫れ物などの肌の病気をはじめ、子供の夜泣きなどが収まるとして、病気平癒の祈願が盛んに行われました。その勢いは明治時代の半ばごろでも門前にあった豆腐屋が参詣者の買い求める豆腐だけで生計が成り立ったほど。

授与品の「撫で守り」で患部を撫でれば、さらなるご利益にあずかれます。

第4章 「日々の習慣運」アップ神社

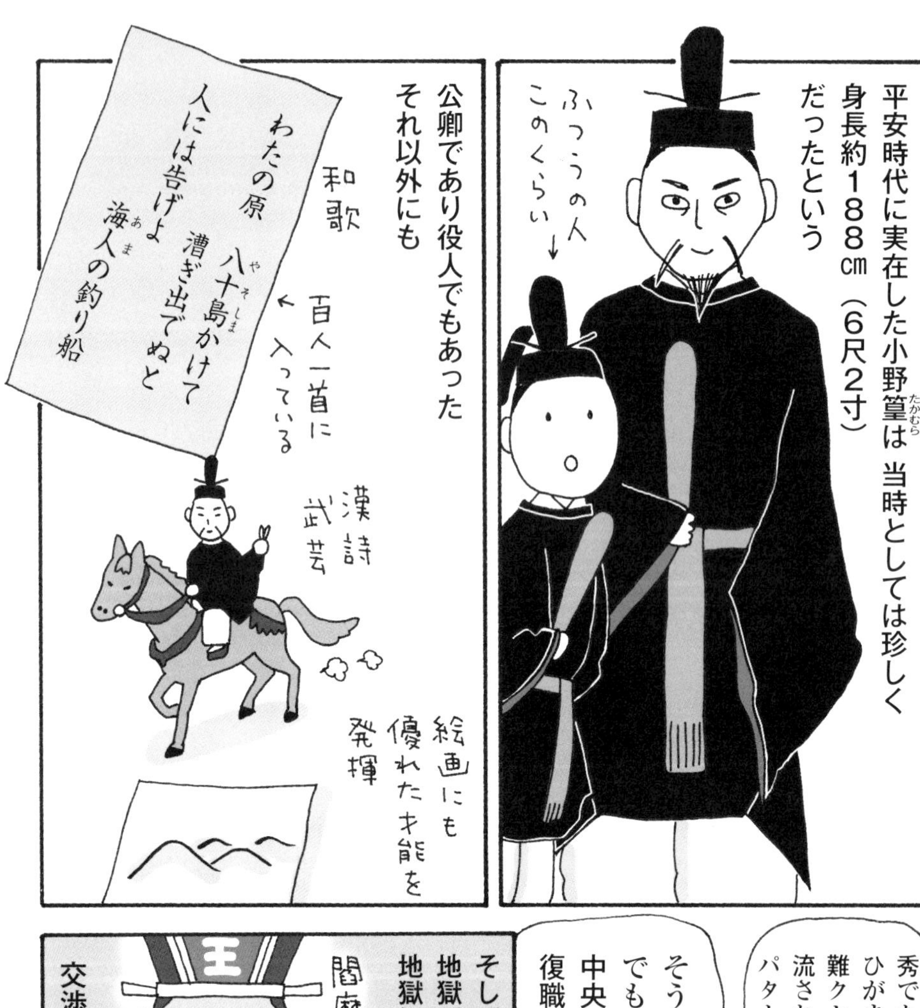
平安時代に実在した小野篁は 当時としては珍しく
身長約188㎝（6尺2寸）
だったという
ふつうの人
このくらい
公卿であり役人でもあった
それ以外にも
和歌
わたの原　八十島かけて
漕ぎ出でぬと
人には告げよ
海人の釣り船
百人一首に
入っている
漢詩
武芸
絵画にも
優れた才能を
発揮

秀でた才能を
ひがまれて
難クセつけられて
流されちゃう
パターン？
菅原道真公
しかり
そうそう
でも2年で
中央に
復職した
そしてある日亡くなったお母さんが
地獄で苦しんでいる夢を見て
地獄に向かい
閻魔大王
これこれ
しかじかで
母を極楽浄土に
交渉成功！
え!? 地獄に行く!?

おぬし
気に入った!!
ここで
働け!!
王
ということで日中は公務員
夜は閻魔大王の手伝いという
ダブルワークに
地獄通信
ええええ!?
人間離れしすぎ
じゃない!?
スゴすぎ!!
その小野篁がお祀りされているのが
小野照崎神社――
だから社紋が
梅鉢
と
三つ巴
あっ
ちなみに
菅原道真公も
お祀りされて
います
今回の相談者　まきさん（29歳）
エビス
さん？
はじめまして

私ずーっとSNSをやっていました
旬のファッション
話題のレストランで食事
ステキな部屋
お金と時間もつぎこみました

私すごいがんばってる
「いいね」も増えてる

ところがしばらくすると
君の金銭感覚にはついていけない
彼氏にフラれ

友だちがSNSで私のことを
まきのSNS最近うざいよね
うん　自撮りと自慢ばっかり鼻につく
もう見たくないし
ガーン…

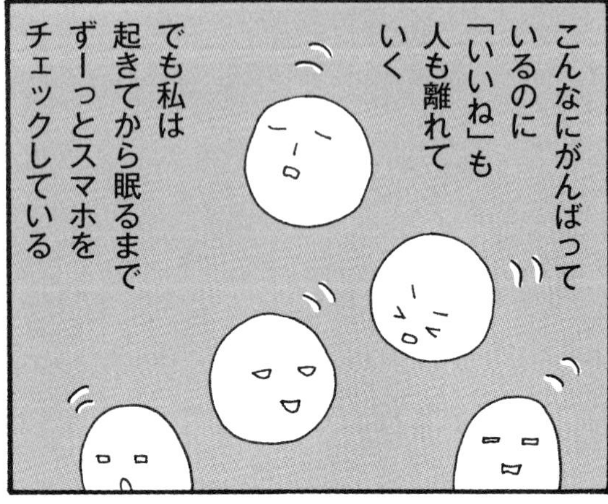
こんなにがんばっているのに「いいね」も人も離れていく
でも私は起きてから眠るまでずーっとスマホをチェックしている

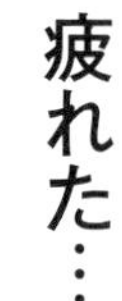
疲れた…

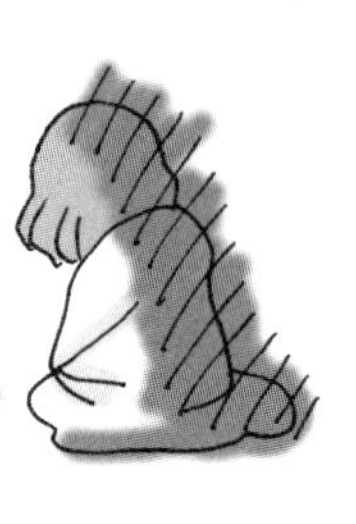

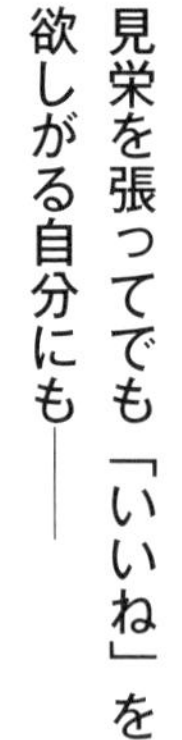
見栄を張ってでも「いいね」を欲しがる自分にも——

SNSと縁を切りたいんです
寅さん…渥美清って知ってる？
名前だけは——
今でこそ国民的俳優だけど渥美さんはまだ売れていないときこの神社に来て
大好きなタバコを断つと誓ったって
そうしたら「寅さん」という後に渥美さんの代名詞となる大役のオファーが来たと
もちろんタバコをやめただけではなく
努力をしたからだと思うけど
境内の碑
囲碁棋士藤沢秀行氏の書
だから何かを断って願をかけるには
ここはいいんじゃないかな

何を願かけしたいか
わからないけど
とにかく今は
SNSをやめたい…
じゃあ今
やめてみる？
境内には
末社を含めると15柱の
神様がいらっしゃるから
その前で──
富士塚も
あるんだよ
ずっとSNSに
アップするって
すごい努力だよね
ただその方向が
間違ってたのかも
庚申塚
サラ…
スマホを見る
時間が減れば
新しく興味がわく
ことが見つかるよ

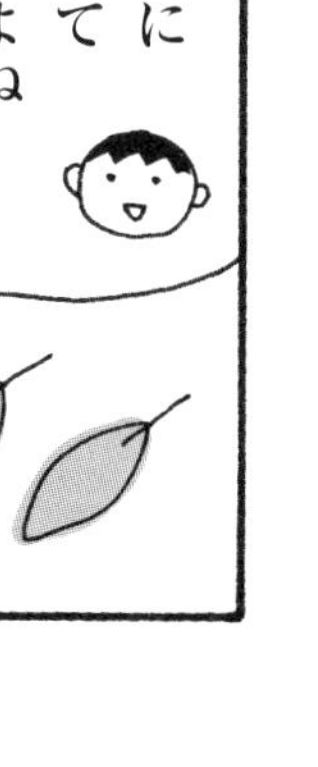

ぶわっ
ピシャッ
え!?
……
……
ククリヒメだよね?

アカウント
閉鎖

なんか
ホッとしたー

縁を切った後は境内の織姫神社と稲荷神社にお参り
恋愛と仕事を結ぶ「むすびの神様」
本殿を向いている
これさっき飛んできたんです
雅楽の夕べ
小野照崎神社
出演
ああ小野照崎神社は雅楽で有名ですもんね
何か新鮮！
行ってみようかな
ところでさっき女性の声がしたんです
やっぱり！

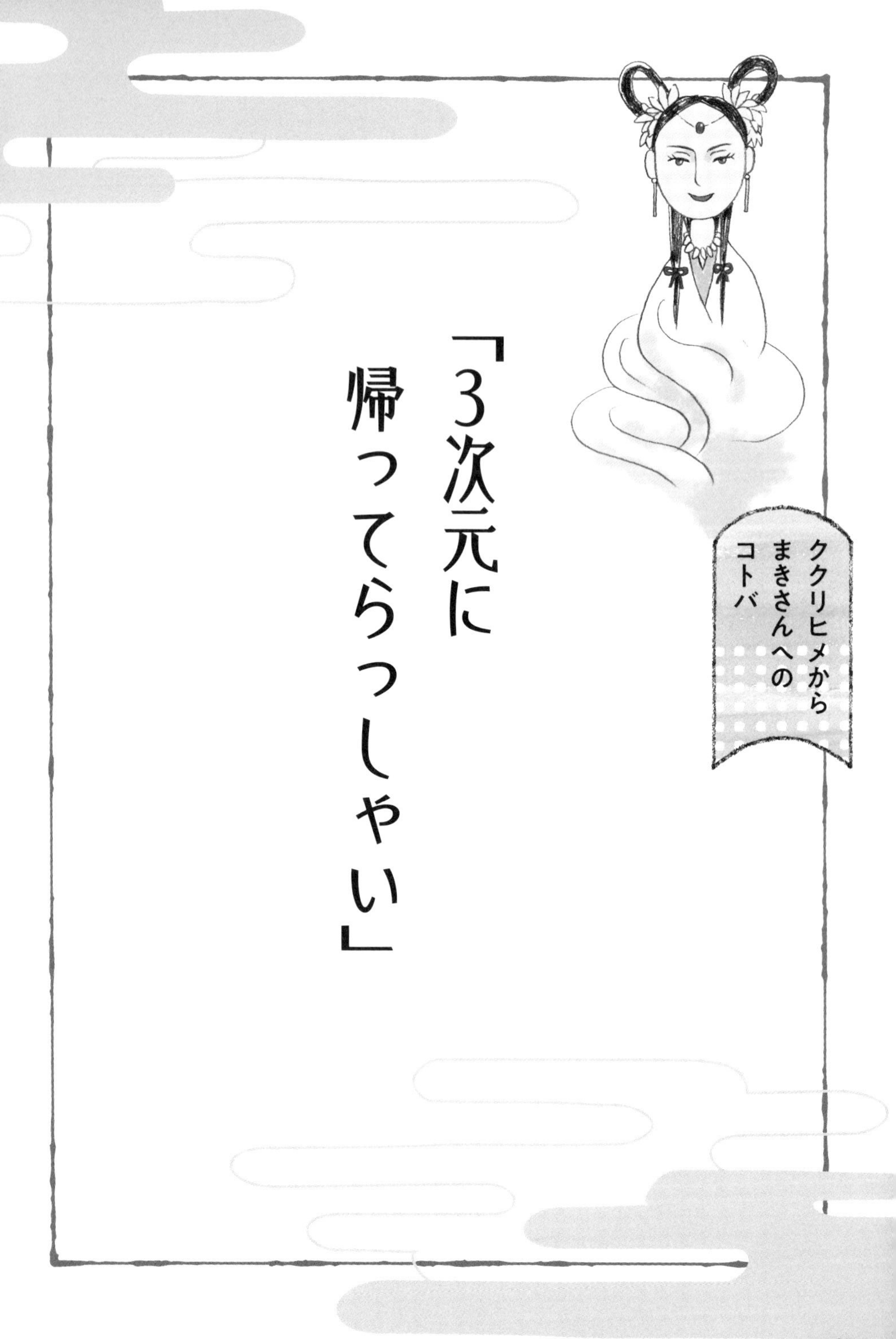

「3次元に帰ってらっしゃい」

トメさま、エビスゆうさま

こんにちは。お世話になったまきです。
その後もSNSはやっていませんよー。メールぐらいです。
自分でも驚いたんですが、ぜんぜんアップしたいと思わなくなったんです。
あのときの自分は、誰かに見て欲しくて、かまって欲しくて、
SNSに依存していたんだと思います。

ほとんどの時間をSNSアップに使っていたと思うと、
なんて無駄な時間を過ごしていたんだろう〜と、その時間を取り戻すつもりで
雅楽の演奏会、三味線の教室、着物の着付けとか様々な場所へ実際に足を運んでいます。
どうやら、和のものが好きみたいです♡

あのとき、SNSを停止したら、
まわりの景色がすごくキレイに見えたんです。
そのキラキラをもっと感じるためにも広く世界を知りたい。
そう思うキッカケを作ってくれてありがとうございました！

まき

雨だ――
石上神宮
私のココロも
雨模様――
どんより～
この間の企画が通らなかったのまだ気にしてるの？
私こう見えてくよくよ考えるんだよね
もんもん
ネガティブ→
まぁまぁ、次！次！緑も雨に濡れるとますますキレイじゃん
←ポジティブ
神社で雨に降られるのは神様に「いらっしゃ～い」って歓迎されているんだよ
エビスの持論→
コケコッコーー!!

コッコッ
コケーッ
コッコッ
コケーッ
コケーッ
前に来たときより増えてる(気がする)
鶏舎も増えてるねー
40年ほど前に奉納されたのをきっかけに自然繁殖や時々の奉納で増えたそう
数十羽が境内・参道をかっ歩
コッコッ

ニワトリは暁に時を告げる鳥として神使なんだよ
『古事記』の「天岩戸事件」でも活躍してるし
コケー!!
コケー!!
コケー!!
コケー!!
何?
アマテラスオオミカミ
そしてここの神社に祀られている神様は――

神剣に宿る霊威※
布都御魂大神
天十握剣
（アメノトツカノツルギ）
布都斯魂大神
そしてもう1柱
布留御魂大神
ニギハヤヒコノミコトが
授かった十種神宝に宿っている
あ！
ニギハヤヒコは
石切劔箭神社の
ご祭神！
ココ→
そうそう

※霊威…神様の神秘的な力。

この「布都（フツ）」という音は物を断ち切る音を表している
フッ
断ち切る!!
私はくよくよ考えるクセを断ち切る!!
エビスは？
ついつい飲みすぎる弱いココロ!!
その決意を持って本殿にお参り

フッ

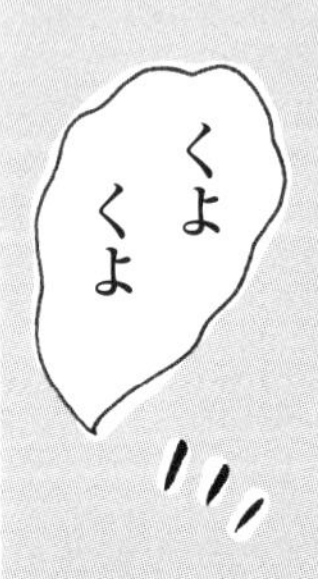
くよくよ

あースッキリ！
断ち切れた気がする！
もう考えないよ
このキモチは
神社ならでは!!
要は
気の持ちよう…
え!?
トメさん
今何か
言った？
いや
これは
もしや…!?
まいいか
地元の
おいしいお酒を
飲みに行こう！

小野照崎神社

名優が悪縁を断って大成 決心を後押ししてくださる

数々の戦火をくぐり抜け、江戸時代の姿を残す本殿。

江戸時代から続く下町・下谷に根付いて江戸の町の人々に寄り添ってきた小野照崎神社。東京都内にある神社のほとんどは、関東大震災や第二次世界大戦で建物が焼失してしまい、新しい社殿を有するものがほとんどです。しかし幸いなことに小野照崎神社はいくつもの戦火をくぐり抜け、約250年以上の歴史を持つ本殿がそのまま残っています。そのほかにも境内には三峰神社や、稲荷神社、庚申塚、富士塚など、江戸信仰の形を残している都内ではめずらしい神社なのです。

ご祭神の小野篁命(おののたかむらのみこと)は、平安時代を生き、国の要職（公卿）を務めた教養人です。百人一首に取り上げられたり、数々の勅撰漢詩集などに作品が取り上げられていたりと漢詩や和歌などの才能にもあふれ、平安文化興隆の一翼を担いました。その才覚は地獄の裁判を司る閻魔(えんま)大王に買われるほどで、昼は朝廷の役人、夜は閻魔大王の補佐をしていたという伝説も残っています。そんな学問と芸能に優れた小野篁公が東国へ遠征に来た際に留まったのが、ここ上野・照崎の地。その縁から852

【住所】〒110-0004　東京都台東区下谷2丁目13－14
東京メトロ日比谷線「入谷駅」4番出口より徒歩3分
【ご祭神】小野篁命
【ご利益】学問、芸能

1828（文政11）年につくられた富士塚は、国の重要有形民俗文化財です。富士山を模した高さ6mものこの塚は、なんと富士山の溶岩で築かれています。江戸時代、富士信仰が大流行しましたが、昔は今のように交通機関が発達していなかったので、近くへ行って拝むことが困難でした。そこで江戸の人々は、身近に富士山を築き上げたのです。

本殿横のイチョウの木は、秋になると鮮やかな黄色となり、境内を彩ります。

（仁寿2）年、この地に社が建てられたのが小野照崎神社の創始です。

それから学問・芸能のご神徳を広く人々に信仰されてきましたが、なかでもその強力な霊験を示す逸話が残っています。

日本人であれば誰もが知る昭和の名優・渥美清がまだ無名の時代、徒歩圏内である浅草に住んでいました。ある日、この小野照崎神社を訪れた際、渥美清は芸能を司る小野篁公に「一生タバコを断つので、どうか仕事をください」と願掛けを行いました。その直後、渥美清はTVドラマシリーズ『男はつらいよ』の主役に抜擢（ばってき）されたのです。それからというもの、渥美清は願いを叶えてくれた神様との約束を守り、タバコを吸わなくなったといわれています。

成就させたい願いがあり、自身の悪い癖がその道を邪魔しているとき、小野篁公に悪癖断ちを宣言すれば、成就を見守り、手助けしてくれます。神社には今を時めく文化人の特製御守もあり、決心を後押ししてくれます。

境内には織姫神社と稲荷神社が合祀されています。織姫神社は恋愛の良縁と結びつけてくださる神様が、稲荷神社には仕事をはじめさまざまな良縁と結びつけてくださる神様が祀られています。併せて参拝すればさらなるご縁と結びつけてくださいます。

拝殿は、1081（永保元）年に白河天皇が寄進したもの。国宝に指定されています。

苔むした手水舎は神代の雰囲気が漂っています。

石上神宮

古代からの守護神
フッと悪縁を断ち切る

日本最古の神社のひとつとされる石上神宮ですが、かつて境内には本殿がなく、人々は主祭神が埋斎されていると伝わる禁足地を拝殿から参拝していました。しかし、明治になると当時の宮司により発掘が行われ、ご神体が発掘されます。その後、大正になって、ご神体を安置する本殿が造営され現在に至ります。

ご祭神三大神は、名だたる神剣・神宝に宿る神様たち。布都御魂大神は神代の国譲りの際、天から使わされた武甕雷神が帯びていた神剣・韴霊に宿っていた神様です。布留御魂大神は、饒速日尊（P97）が天照大神から授かった十種神宝に宿っていた神様です。そして布都斯魂大神は、素戔嗚尊がヤマタノオロチを退治する際に用いた神剣に宿っていた神様です。

布都御魂大神の「フツ」は「剣でものを断ち切るさま」を表しています。神代に建国を助けた神威あらたかな古来の神々に、自分ではなかなかやめられない悪癖との縁を断ち切っていただきましょう。

【住所】〒632-0014 奈良県天理市布留町384
近鉄天理線「天理駅」より奈良交通バス苣原行きで7分「石上神宮前」で下車し徒歩5分
【ご祭神】布都御魂大神、布留御魂大神、布都斯魂大神
【ご利益】除災招福、健康長寿、病気平癒、百事成就

寒川（さむかわ）神社

八方のありとあらゆる災難を取り除く

【住所】〒253-0195　神奈川県高座郡寒川町宮山3916
JR相模線「宮山駅」より徒歩5分
【ご祭神】寒川比古命、寒川比女命
【ご利益】八方除、福徳開運

約1600年前に建立されたと伝わる寒川神社は、八方除のご神徳で全国から参拝者が集まります。

「八方」とは、東・西・南・北・北東・北西・南東・南西の8つの方位のことで、あらゆる方角を表します。「八方除」とは、ありとあらゆる禍事や災難を取り除くという意味です。

神職との面談のあと、悩みに合わせた祈禱を受けられます。

來宮（きのみや）神社

なかなか続かない酒断ちに

【住所】〒413-0034　静岡県熱海市西山町43-1
JR伊東線「来宮駅」より徒歩5分
【ご祭神】大巳貴命、日本武尊、五十猛命
【ご利益】心願成就、酒難除守

「來宮＝忌宮」として、「忌＝悪いもの」を断ってくれる來宮神社。なかでも禁酒に効果絶大です。

授与所では、飲酒による災難から身を守る「酒難除守」が手に入ります。ご祭神・大巳貴命（おおなもちのみこと）のご神徳にあやかった「縁結び守」と一緒にいただくとよいでしょう。さらに、本殿奥にあるご神木を願い事を思いながら一周すると、心願成就のご利益にあずかれます。

晴明神社

本邦随一の陰陽師の力

【住所】〒602-8222　京都市上京区晴明町806（堀川通一条上ル）
市営地下鉄烏丸線「今出川駅」より徒歩12分
【ご祭神】安倍晴明御霊神
【ご利益】魔除け、厄除け

ご祭神の安倍晴明は言わずとしれた陰陽師の祖で、数多くの物語に語られてきました。陰陽師はこの世の現象を読み解く力に通じ、常人には「魔」「厄」としか理解できない災難を解決します。安倍晴明の力は絶大で、天皇をはじめ貴族や多くの庶民を救いました。

晴明神社はその偉業をたたえて創建され、今でも参拝者を悩ます魔を退治してくれます。

賢見神社（けんみ）

悪さをする「犬」を制する

【住所】〒779-5306 徳島県三好市山城町寺野112
JR土讃線「阿波池田駅」よりタクシーで片道約30分
【ご祭神】素戔嗚尊、応仁天皇
【ご利益】邪気退散、家内安全、病気平癒など

昔は、人格が変わってしまったり、体に原因不明の変化が起こったりするのは、悪いものが憑いたのだと考えました。それらは犬（＝狗）やキツネ、ムジナ、オコジョなど地域によってさまざまな名前で呼ばれてきました。

賢見神社はそんな憑きものを落としてくれる神社です。社名は一説によると「賢見＝犬が悪さをしないように見る」意味から来ているのだとか。

白崎八幡宮

体の中の蟲を退治

【住所】〒740-0017 山口県岩国市今津６丁目12-23
JR 岩国駅よりいわくにバス「八幡バス停」下車、徒歩２分
【ご祭神】應神天皇、仲哀天皇、神功皇后
【ご利益】災禍撃退、邪気退散など

「蟲」というものをご存じですか？　昆虫のことではありません。人の体内にいて気分や感情などを左右する存在で、これがギャンブルや浪費、癇癪（かんしゃく）などの悪癖をもたらします。

白崎八幡宮では、ご祭神をはじめ、境内末社に祀られている武甕槌大神（たけみかづちのおおかみ）や、素盞嗚尊の力を借りて、蟲を封じる祈願を受けられます。蟲封じとは別に、縁切り祈願もあります。

本光寺

背中を押してくれる縁切り祈願

【住所】〒272-0805　千葉県市川市大野町3-1695-1
JR 武蔵野線「市川大野駅」より徒歩３分
【仏神】源三位頼政和光尊儀
【ご利益】悪縁切り

お寺ですが、境内の稲荷堂に祀られる「源三位頼政和光尊儀」に縁切りのご利益があります。こちらは平安時代の源頼政という武将で、時の天皇が妖怪・鵺（ぬえ）に脅かされていたところ、見事弓で退治し、天皇に憑く悪いものを祓いました。縁切り祈禱をはじめ、悪縁切りお札や、頼政の弓矢を模した悪縁切り守りもあり、習慣の悪縁切りの手助けをしてくださいます。

おわりに

諸行無常。

全てのものは、今、この瞬間にも変化をしています。もちろん人間のココロもカラダも、例外なく。

その時は良かれ、と思って始めた縁も、その変化によっていつの間にか「毒」になっていることがあります。人間関係も、日々の習慣も。

「ご縁に感謝」と私もよく言うけれど、ただ縁を繋げばいいってもんじゃない。定期的に見直すことも必要。切ることも、温め直すことも。今回いろんな神社をお参りして、そう思いを新たにしました。

さて、神社で様々な縁切りの祈願をして、その時は「スッキリしたー!」となっても、なかなか切りきれないこともあります。そんな時は、懲りずに何度でも切る！
私は石上神宮で「過去をくよくよ考えるクセ」と縁切りをしてきましたが、いまでも時々くよくよする。そんな時は神宮で買ってきたお守りを見て、「フツ」と、ココロの中であの切った音を再生するのです。目に見えない「縁切り」だから、目に見えるものを神社で授与していただくのは、視覚化されるのでオススメです。
さあ、悪縁を切って、軽やかにしあわせなご縁を結んでいこう。みなさまにもククリヒメのコトバが聞こえますように。

ふくもの隊の旅は、これからも続きます。またお会いしましょう。

ふくもの隊隊長　上大岡トメ

上大岡トメ

イラストレーター。ふくもの隊隊長、神社めぐりマニア。東京生まれ。現在は山口県在住。趣味はバレエ、ヨーガ。著書は『キッパリ！たった5分間で自分を変える方法』（幻冬舎文庫）、『コチャレ！』（講談社）、『子どもがひきこもりになりかけたら』（KADOKAWA）など、多数。
ウェブサイト「トメカミカメト」>> http://tomekami.com/

ふくもの隊

2005年に縁起物を紹介する書籍『ふくもの（＝福な物や事）』で隊長・上大岡トメ、副隊長・エビスゆうを中心に結成。その後も「ふく」を探して日本全国を旅する。2016年から「ふくもの文具」、ふくもの隊「ふくもの」LINEスタンプを発売。著書に『ふくもの』（幻冬舎文庫）、『開運！神社さんぽ1, 2』（アース・スター エンターテイメント）、『宿坊さんぽ』（KADOKAWA）、『日本のふくもの図鑑』（朝日新聞出版）、『祭りさんぽ』（藝術学舎）など。
「ふくもの」公式サイト >> https://micro-fish.com/fukumono/

平藤喜久子

國學院大學日本文化研究所教授。
専門は神話学。学習院大学大学院人文科学研究科修了。博士（日本語日本文学）。日本の神話を世界の神話と比較する研究や、古今東西の神の描かれ方についての研究を行っている。主な著書に『日本の神様と楽しく生きる』（東邦出版）、『神社ってどんなところ？』（筑摩書房）、『神のかたち図鑑』（白水社・共編著）、『神の文化史事典』（白水社・共編著）、『よくわかる宗教学』（ミネルヴァ書房・共編著）など多数。

縁切り神社でスッキリ！しあわせ結び 全国開運神社めぐり

2019年6月27日　初版第1刷発行

著　者　上大岡トメ＋ふくもの隊
監　修　平藤喜久子（國學院大學 教授）
企画・編集　酒井ゆう（micro fish）
　北村佳菜（micro fish）
デザイン　平林亜紀（micro fish）
編集　佐藤友香（WAVE出版）
発行所　WAVE出版
〒102-0074　東京都千代田区九段南3-9-12
TEL 03-3261-3713　FAX 03-3261-3823
振替 00100-7-366376
E-mail: info@wave-publishers.co.jp
http://www.wave-publishers.co.jp
印刷・製本　中央精版印刷株式会社

NDC175　144p　21cm
ISBN　978-4-86621-221-0